「十七条の憲法」から読み解く日本文明（上）

―これを読めば日本人が解る―

長谷川七重

幻冬舎ルネッサンス新書
233

はじめに

二〇一三年にハンティントン博士の『文明の衝突』を読んだ時から、「日本文明」という言葉が、私の中に生き続けていました。それまでは、日本は自他共に認める普通の先進国で、資本主義経済方式を採用する普通の民主主義国家だと信じていたからです。それがまさか外国人の目から見ると、普通でない先進国に見えるとは思っていなかったのです。『文明の衝突』では、日本文明は「特異な文明である」と規定されています。なぜ特異な文明かというと、「どんな文明なのか、その内容が誰にも理解されていないのに、現実に成立している」と判断されているからです。つまり、日本文明は「訳が解らないが、世界でただ一つ、一民族・一国家で形成されている文明だ」と定義されているのです。

そしてハンティントン博士は、日本文明は正体不明の不思議な文明なので、いずれは衝突する運命にある文明群の中にあって、外形が似ている中華文明か、同盟国・米国のキリスト教文明かのどちらに付くのか不明のままである、と結論づけました。

『文明の衝突』の日本文明の位置づけは、このようなものだったと思います。

これは、私にはいささかショックな見解でしたが、妙に納得できるものでした。なぜなら、日本人に生まれた私にも、半世紀以上「周囲の日本人は謎だった」からです。今回の日本人の新型コロナの対応にも、理解できない事が沢山あります。

例えば、二〇二〇年四月の事です。この時、感染者が〇人の岩手県になぜ緊急事態宣言が出たのか？　なぜ岩手県は抗議しなかったのか？　私には理解できません。

感染抑止の為に外出を自粛する理由は、「周囲に感染者がいるので、外に出ると感染者に遭遇して感染する危険があるため家にいる」です。一方、感染者が〇人なら「外に出ても感染者に遭遇しないので、家にいても外出しても感染する危険はない」です。

感染の危険がなければ、外に出て働いたり、学校に行ったりした方が良いと私は考えます。なのに、なぜ岩手県の人達は外出を自粛したのか？　なぜ岩手県のパチンコ店は店を閉じたのか？　私には理由が解りません。岩手県の人達だけでなく私の周囲にも、市内感染が〇人でも自粛している人が沢山います。「本当に不思議な人達だ」と私は感じます。

しかし五十歳を過ぎて日本人としての生き方を体得した私は、感染者のいない街で毎日弁当を配達してもらうほど周囲にシンクロして外出自粛を順守していますが、今も私には、日本が「なんでそうなるの？」という不思議な世界なのは変わりません。

「日本が解らない」と申しますと、日本が不思議だと感じない方にはピンと来ないかもしれませんが、日本文明では「これを読めば日本が解ります」という《正典文書》が示されていません。だから、解らない人には解らないのです。

普通の文明では、聖書やクルアーンのように、その文明圏の人々が「従うべき教義」を記した書物があります。ですから「自分達は○○教を信じています」と表明する事で、同じ価値観を持つ国々の文明圏が自然に形成されます。また教義書を読めば、異なる文明圏の人達であっても、その文明圏の人達の「論理に基づく価値観」を理解できます。

例をあげれば、イスラム教徒の皆さんはお酒を飲みませんし、豚肉も食べません。なぜかと言えばイスラム教で禁止されているからです。ですからイスラム教徒の皆さんを食事に招く時には「お酒を進めてはいけない。豚肉を出してはいけない」と解ります。

一方、キリスト教徒を食事に招く時には「ワインなどのお酒を用意した方が良い」です。ワインはイエス様の復活の血潮なのだそうです。

正典文書が示されていれば、この人達は物事をどう見るのか、どう考えるから、どう行動するのかが解かります。結果、相手に失礼にならない行動も解ります。

しかし、日本文明では《正典文書》が示されていません。この為に外国の人達には、日本人が、なぜそんな発言をして、そんな行動をするのかが解らないのです。

なぜ外国人には解らないかといえば、日本人が外国人に「これこれこういう理由で、私はこう発言します」とか「こういう理由でこう行動します」と説明しないからです。

なぜ日本人が説明しないかといえば、自分達の発言や行動が、「外国人から見ると意味不明だから、説明が必要だ」と気付かないからです。なぜ日本人が気付かないかといえば、大多数の日本人が「これが普通で誰でもこうする」と思っているからです。

ただ一人、新戸部稲造が『武士道』を著しましたが、武士道は沢山ある日本の道徳律の一つにすぎません。日本人で武士道を基準に生きている人は少数派です。ですから、武士道を読んでも、日本人は解りません。一部西洋人に人気がある「禅宗」を学んでも、神社・お寺にお参りして、キリスト教式で結婚する普通の日本人の信仰は解りません。

「武士道」を生み出した、その根源は《何か》？　日本人の自由奔放な信仰を生み出したのは《何か》？　私は、その《何か》が日本文明の基本であり、その《何か》が「十七条の憲法」の精神なのだと考えます。なぜなら私には謎だった、周囲の日本人の発言と行動の理由が、「十七条の憲法」を解析すると理解できたからです。

ですから「十七条の憲法が、日本文明の正典だ」と、私は確信しています。

この約千四百年間、無数の日本人が「十七条の憲法」に触れて、「いい事を言っている」と共感し続けて、《道》を指し示す灯火としてきました。その為に「十七条の憲法を守らなければならない」という決まりができた事はありませんが、いつのまにか日本は「十七条の憲法」の精神が具現化した社会になりました。つまり「十七条の憲法」は、誰も気付かぬうちに日本文明の正典になっていたのです。日本人が知らないので、当然外国人も知りませんが、「十七条の憲法」を読めば、日本はこういう国なのだと理解できます。

ですから私は「十七条の憲法理論」から、日本を分析したいと考えました。

なお、「私の日本文明論」は、すべて私の仮説です。なぜなら、日本の「なぜ」について、私自身の経験と書物からの知識とで「答え」を導き出して「日本文明の実相である」と仮定しているからです。意識調査をした訳でも、アンケート調査をした訳でもありません。ですから、「私の日本文明論」は、私自身の数限りない「なぜ」のパーツを、日本という国に当てはめて作り出した、「思索のジグソーパズル」です。ただの、私の意見です。

それを恥ずかしげもなく「世に問いたい」と考えたのは、もし、「日本という国が、どうもよく解らない」という疑問を持っている方がいらしたら、「こういう考え方もあるのか」と参考にしていただけたらいいと、考えたからです。

目次

第一部　日本文明の正典「十七条の憲法」

第一章　文明の分立の要件

一　文明とは

文明とは《一定の基準に従って》人々が集まって「皆で仲良く暮らしている人達」の領域です。左の提示の《　》内がその基準で、《　》内の基準が、その文明を特定します。

●日本文明の「正典」である「十七条の憲法」の主張は
「和を以て貴しとなす。即ち、皆で仲良く暮らそうよ」
●キリスト教文明の主張は
「《主イエス・キリストの教えに従って》、皆で仲良く暮らそうよ」
●中華文明の主張は
「《(天帝に最高の『徳』と認められた) 皇帝の徳治に従って》、皆で仲良く暮らそうよ」

なぜ文明が分立して文明の衝突が起こるかと言えば、《　》内の基準が違うからです。人の意見は様々ですから、人間が集まって生活していれば意見対立が発生します。

その意見の違いを、最終的に裁定するのが《基準》です。《基準》が出てきたら従うしかない。《基準》を言われたら、反論できない。大方の人々が、こうして《基準》を尊重しているから秩序は維持されます。つまり、意見対立で殺し合いをしない為に《基準が正しい》と信じる事にした人々が集まって文明圏ができあがったので、その文明圏の中では《基準》は変えられません。

そして、違う《基準》で社会の平穏を維持する他文明の人達が交じり合って、一つの文明になる事はできません。だから、文明は分立し衝突も発生するのです。

ところが、日本文明には《基準》がありません。ただ、「皆で仲良く暮らそうよ」という考え方だけなのです。その為に《基準》がなくて訳が解らないものの、現実に成立している文明になっているのです。

具体的に言えば、昔も今も大多数の日本人は、《主イエス・キリストの教え》にも《中華皇帝の徳治》にも、従う気はありません。ですから、「日本」は、どこの文明にも入れてもらえず、日本だけで文明圏を維持せざるを得なくなります。

だから、《基準が無い》日本文明は『孤立』しています。

しかし、《基準が無い》その結果として、《主イエス・キリストの教え》に従っている人も、《中華皇帝の徳治》に従っている人も、「皆で仲良く暮らそうよ」を順守すれば、排除される事はありません。

つまり、日本文明は、『誰でも入れる』文明なのです。

日本文明はどこの文明にも入れてもらえませんが、どこの文明がやって来ても受容します。この為、古代には、中華文明の生み出した文化・技術を積極的に受け入れました。戦国・明治の時代にも、キリスト教文明が生み出した文化・技術を積極的に受け入れました。《基準が無い》文明なので、「いいな」と思ったものは、何でも受容してしまうのです。

日本文明は《基準が無い》ので、タブーが無くて、『何でも受容する』文明です。但し、一つだけ『拒絶反応を起こして断固拒否する』ものがあります。それは《空白》の部分に、自分達の望む《基準》を書き込もうとする『勢力』です。

故に日本には《基準》ができませんでした。

そして《基準》がなくても皆で仲良く暮らせる方法論である「十七条の憲法」があったので、よその文明圏に取り込まれる事なく、一つの文明圏として存在し続けているのです。

二 《基準》とは

①キリスト教文明圏の《基準》は《主イエス・キリスト》である

中世キリスト教世界では、教会が国王を承認する形式をとっていました。そして、人々が教会と教会が認めた国王に服従する事で、社会を維持しました。だから、キリストの代弁者だと認められていた教会が魔女だと決めつければ、その人物は死刑になったのです。

現代のキリスト教文明社会は法治主義に移行して、裁判の判決（法の裁定）に皆で従う事になっていますが、欧米社会の基本精神「自由・平等・博愛・人道主義」は、キリストの残した言葉から発生して進化した精神です。ですから、信教の自由が採択されても、欧米社会の《基準》は今も《主イエス・キリスト》です。「キリストは神である」又は「聖なる人物である」という事は、キリスト教文明圏では誰もが認める事実です。

ですから､欧米では教会を破壊するのは悪魔の業になります。それだけで問答無用の「許せない敵・滅ぼすべき敵」になるのです。

この敵対感情は論理でもなく、損得でもなく、話しても解らない所から発生します。

だからこそ《主イエス・キリスト》はキリスト教文明社会の《基準》なのです。

②中華文明圏の《基準》は《中華皇帝　中国共産党主席》である

中国は古代から次の論法で秩序を維持しています。

「意見が色々でまとまらない」

↓「どうしようかな」

↓「正しいのは、最高権力者（中華皇帝・共産党主席）だ」という事にしよう。

↓「最高権力者に、皆で従う」と、秩序は維持できる。

↓「最高権力者に服従しない者は粛清する。それが正しい秩序維持策だ」

この論法は現代でも活用されていますので、中華人民共和国では共産党が憲法の上位に据えられています。ですから、中国では、「何が正しくて、何が間違っているか」は最高権力者である共産党主席の『見解』で決まります。

毛沢東元主席は、台湾・中国国民党は「悪」という『見解』を示した。

鄧小平元最高権力者は、昔の日本軍部は「悪」だったが、日本国民は「友人だ」という『見解』を示し、日中友好を旗印に、日本から援助と技術を引き出しました。

江沢民元主席は、日本国民は「悪い」軍部を支持したという『見解』を示し、ここで「友人」だった日本国民は「悪人」になりました。この頃から台湾人は、同じ中国人になります。**習近平主席は、**当初は「日本悪玉論」と、台湾への意地悪政策の『見解』を示していましたが、米中貿易戦争が始まったので「米国悪玉論」に変えて、日本を米国から引き離す為に、日中友好を口にして日本を虐めるという、不思議な方針を取っています。

このように、中華文明では、最高権力者の意向で正邪がコロコロ変わりますので、外から見ると「絶対正」がないように見えますが、「最高権力者が絶対正しい」＝「何が正しくて、何が間違っているのかを決めるのが、最高権力者だ」という事は変わりません。例えば、《馬鹿》という言葉がありますが、これは古代中国の「鹿を指して馬と為す」からきていると言われています。その内容は、次の通りです。

秦の趙高が二代皇帝に鹿を「馬でございます」と奏上して献上しました。皇帝は「これは、鹿ではないか」と言葉を発しましたが、この時、並みいる群臣の多くが、趙高を恐れて「馬です」と答えました。「鹿です」と答えた者は、粛清されました。

今もって共産党主席の意向次第で正邪が変わる中国は、昔も今も「鹿を指して馬と為す」社会です。

ですから中国人は、時の最高権力者の『見解』を正しく理解しないと生き残れませんから、大変です。正邪の基準がコロコロ変わって明確でない中で、悪と認定されると迫害される中華文明で無事を保つには、相応の知恵と運が必要なのです。

また現在でも、共産党主席が、鹿を「馬」と言ったら（事実を無視して）「馬です」と言わなければ粛清されるので、中華文明圏では必然的に事実は無視される事になります。

例えば、中国は「二千年前から、南シナ海は中国の海だった」と主張していますが、その頃には外洋を航海できる船がなかったので物理的に不可能で、誰が考えても「嘘」です。

しかし、中国でこの事実を指摘したら、すぐさま失脚したり、投獄されたりします。

中国は「習近平主席がそう言っているから、そういう事にしておこう」という国なのです。だから日本人が「二千年前から、南シナ海は中国の海だった」と聞けば、「よく恥ずかしげもなく、そんな嘘が言えるな」と感じてその人物の人格に疑いを持ちますが、中国人は「自分の生存を確保する為に、事実ではない事（嘘）を発言している」のでまったく罪悪感を持ちませんし、恥ずかしいとも思いません。

実際に、中国では「習近平主席がそういう事にしておこうという嘘が、正しい」事になります。そして、「習近平主席にとって不都合な事実は、正しくない」ので、葬り去るべきモノとなります。


欧米の政治家・知識人は中国が改革開放（自由な経済活動）を進めていけば、いずれ中国は自由民主主義国に移行するという予測のもとに、中国に手を差し伸べ援助しました。

これは「中国人も、自分達と同じ《基準》の内にある」という錯覚を起こしていたからです。というか、「従う人がいるから、最高権力者が権力を振るえる。従う人がいなければ、ただ権力者の椅子に座って命令している人物は、ピエロになって、いずれ追い出される」ので、「中国国民が自由の味を知ったら、最高権力者に従いたくなくなる」から、「中国は自然に民主化するはずだ」と予測したのです。

しかしこの予測は誤りでした。

例えば『Ｃｈｉｎａ ２０４９ 秘密裏に遂行される「世界覇権１００年戦略」』の著者マイケル・ピルズベリー博士は、その著作の中で、胡錦涛政権下では自由闊達に笑顔で議論していて時に党中央に対する批判も口にした中国人学者達が、習近平政権になると共産党の見解以外の発言をしなくなった事に驚いています。

文化大革命で思考の自由を禁止されて苦しめられた中国の知識人は、改革開放によって学問をする事を許されて、江沢民時代、胡錦涛時代と時間が流れるにつれて、より自由に学問をするようになってきました。欧米人は「一度自由の味を知った人々は、自由を手放さないだろう」と考えました。ですから「再び、思想統制をしたい」という指導者が現れても、多くの人は「従いたくない」と考えて抵抗するので、「中国での、再びの思想統制は失敗する」と欧米人は考えたのです。

しかしこの予測は外れて、習主席が「ダメだ」と言った途端に、中国の学者達が自分の自由な学問・意見を放棄してしまったので、ピルズベリー博士は非常に驚いたのです。

しかしこの現象は、「鹿を指して馬と為す」中国では、当然の事です。イスラム教国がキリスト教国にならないように、中国は中国なのだから当たり前です。

中国が中国である事例は、いくらでもあります。例えば、胡錦涛前主席は「キリスト教会を壊せと言わなかった」ので、中国にキリスト教会が増えました。その後、習近平主席が「キリスト教はダメ」と言うと、中国各地でキリスト教会に対する打ち壊しが始まります。これは「何が正しくて何が正しくないか。それは時の最高権力者が決める」という中華文明の《基準》が今も生きていて、人々が従うという事の証明です。

つまり、昔も今も、中国は中華文明の国であるという事です。

★『Ｃｈｉｎａ ２０４９　秘密裏に遂行される「世界覇権１００年戦略」』

元ＣＩＡのピルズベリー博士は、米国における中国専門家として米国政府の対中政策に最も深く関わってきた、いわゆる「パンダハガー」の一人です。

その本人が『Ｃｈｉｎａ ２０４９～』の冒頭で、中国は百年かけて米国にとって代わる計画を立てて米国を騙し続けてきていたのに、「自分は中国の意図に気付く事ができず、（米国の為に良かれと思って）中国を強め祖国米国を弱くする為の方策に協力してきてしまった」と告白しています。この告白は衝撃的であり、以後のアメリカの対中政策を中国との共生から中国との決別へと急変させる端緒ともなりました。いわば『Ｃｈｉｎａ ２０４９～』は歴史を変えた著述です。

③《基準》は「社会契約論」の中では《リヴァイアサン》と表現されている

私が《基準》と表現しているのは、その文明圏内で意見がまとまらない時「最終的にその《基準》が出てくると、皆が従う」というモノです。《事実》ではありませんが、「(疑う事を許されぬ)絶対的権威」として君臨しているモノです。

例えば、朝鮮半島の《基準》は《日本が悪い》です。この為に韓国では、「慰安婦神話」に異議を唱えると袋叩きにあうのです。地球儀を眺めながら慰安婦神話を耳にすれば、変だと感じる人もいるはずだと、私は思います。

野蛮で残虐な軍隊はいつの時代でも存在していましたが、彼らは現地で女性を狩り出すのが常なので、大日本帝国軍が慰安婦を強制連行しようと思えば、当然現地のフィリピン・インドネシア等で若い女性を狩り出したはずです。わざわざ五千キロも離れた朝鮮半島で二十万人も狩り出して船に乗せて運ぶ必要性はさらさらありません。

ましてや百五十万人しか兵士を派兵していないのですから、二十万人も慰安婦を送ってしまったら、兵士に「朝昼晩と寝る前と、毎日三~四回は慰安所へ通え」と命令するも同然になります。これでは身体がもたないと「現地で慰安婦を殺してしまった」というお話ができるのかもしれませんが、それも全く馬鹿げています。現地に若い男性は沢山いるのですから、慰安所を現地男性にも開放すれば慰安婦が多すぎるという問題は簡単に解決できます。ついでに利益も上げられ、戦費にまわせます。

いずれにせよ、私は、現地に若い女性が沢山いるのに、五千キロも離れた所で二十万人も女性を強制連行して、わざわざ船に乗せて運ぶというアホウな作戦を立てて実行した軍隊が、（日本に限らず）この地上に存在したとは到底信じられません。

だから韓国の慰安婦神話は《絵空事》だと考えます。

しかし《日本が悪い》が《基準》の韓国では、常識で考えればありえない荒唐無稽な《絵空事》が、《崇高なる慰安婦神話》になるのです。韓国人に「慰安婦神話は嘘ですよ」と指摘する事は、キリスト教徒に「天地創造神話は嘘ですよ」という事と同じです。

つまり（実際に信じているか信じていないかは別にして）アンタッチャブルな事なのです。内心どう思っていようと、否定するとその文明圏で迫害されるというモノなのです。

この私が《基準》として表現しているモノを、十七世紀の欧州の哲学者ホッブズはその著書「社会契約論」の中でリヴァイアサンと表現しました。そこで欧州社会の社会契約の在り方を『哲学用語図鑑』（田中正人著　編集・監修　斎藤哲也・プレジデント社）を借りて提示します。

リヴァイアサン

リヴァイアサン

【社会契約論①】ホッブズの場合

文　献 -------------------------- ホッブズ『リヴァイアサン』

メ　モ ---『リヴァイアサン』が書かれたのは清教徒革命後の1651年。そのため、同書は絶対主義王政ではなく、革命後の共和制社会をモデルにしているとも考えられる

近世では、国王の権限は神に与えられたもの（王権神授説）であり、その下で国家が形成されていると考えられていました。

138

これに対し、**ホッブズ**は国家のしくみをもっと論理的に捉えようとします。彼はまず、**公的権力がない状態**（自然状態）だと国はどうなるかを考えました。そして**自然状態**では、人々は互いに自由を奪い合う「万人の万人に対する戦い」が起こると主張しました。

これでは個人の自由が保てません。そこで、お互いにケンカをしないように契約を結ぶ必要があります。

「哲学用語図鑑」（田中正人著・プレジデント社）P138 より引用

リヴァイアサン

ケンカをしないという契約を守らない人を処罰するためには、絶対的な力を持つ公的機関が必要になります。そこで国王が必要になってくるわけです。このような公的権力を**ホッブズ**は旧約聖書のヨブ記に出てくるリヴァイアサンという恐ろしい海獣にたとえます。国王は**リヴァイアサン**のような強い力を持たなければ国は機能しないと彼は考えました。

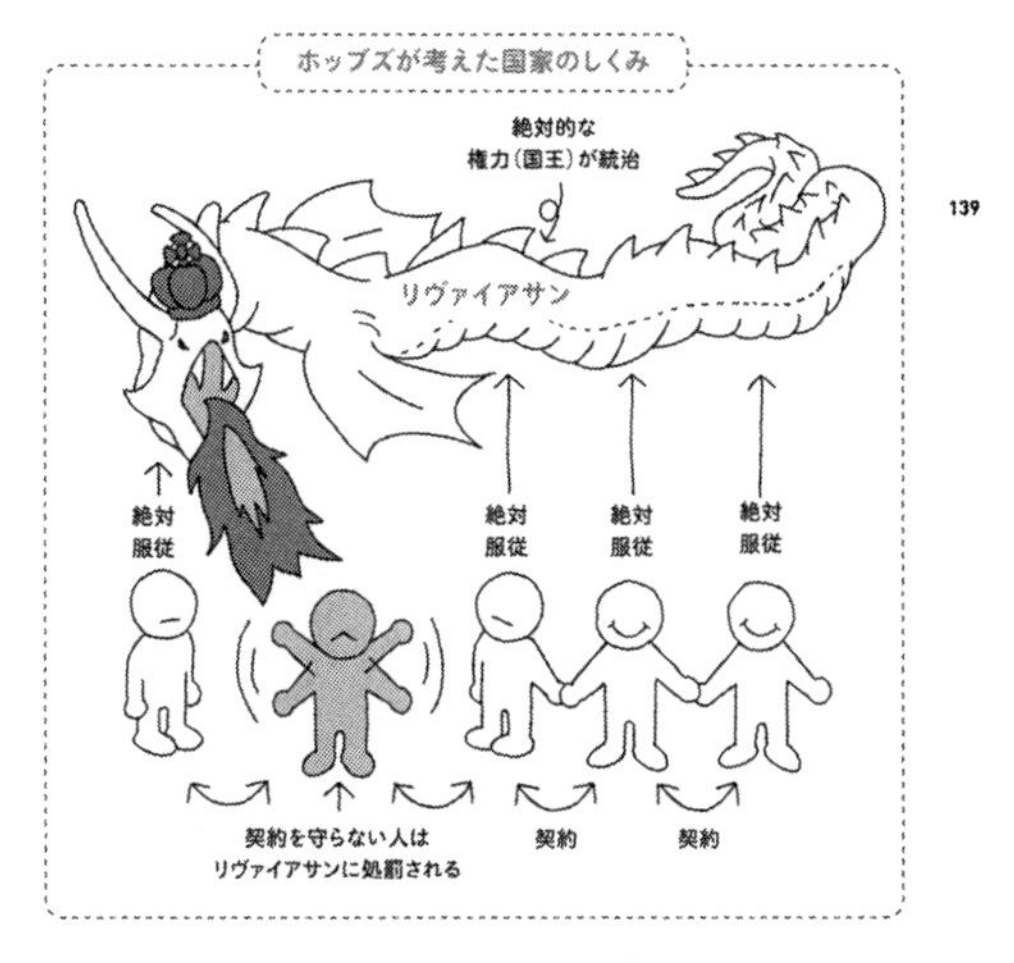

139

ホッブズは王権神授説に頼ることなく、国家のしくみを説明しましたが、かえって絶対王政を論理的に擁護するものとなってしまいました。

「哲学用語図鑑」（田中正人著・プレジデント社）P139より引用

三 《リヴァイアサン・基準》が社会に息づく過程

①《基準》の人々への啓蒙装置

「自由な心が争いを生む」。この為に、各文明圏では《基準》を作りました。内心ではどう思っていようと、人々が《基準》に従う発言と行動をする事で秩序を維持する為です。しかし人の意見は様々なはずなのに「同じ文明圏だから、同じ《基準》に従わなければならない」という感覚が共有されるのは、不思議と言えば不思議です。

なぜこんな事が、起こるのでしょうか?

その回答としてフランスの哲学者アルチュセールは、人間の意志は外部要因によって作られると唱えました。

個人の思想や**信条**(**イデオロギー**)は、学校、メディア、企業などの**システム**によって国家に適したように作り出されると考えます。国家のこのような構造を彼は**国家イデオロギー装置**と呼びます。**国家のイデオロギー装置**で作られた主体は、無意識に、みずから進んで国家に服従し、今度は**イデオロギーを作る側に回る**のです。

このアルチュセールのいう**国家イデオロギー装置**とは、学校と家庭と社会とで教育され経験を積む（**その社会道場で修業をする**）事でその社会に順応する事だと思います。即ちその社会で生きる手法を身に付ける為に、どの社会にもある装置なのです。

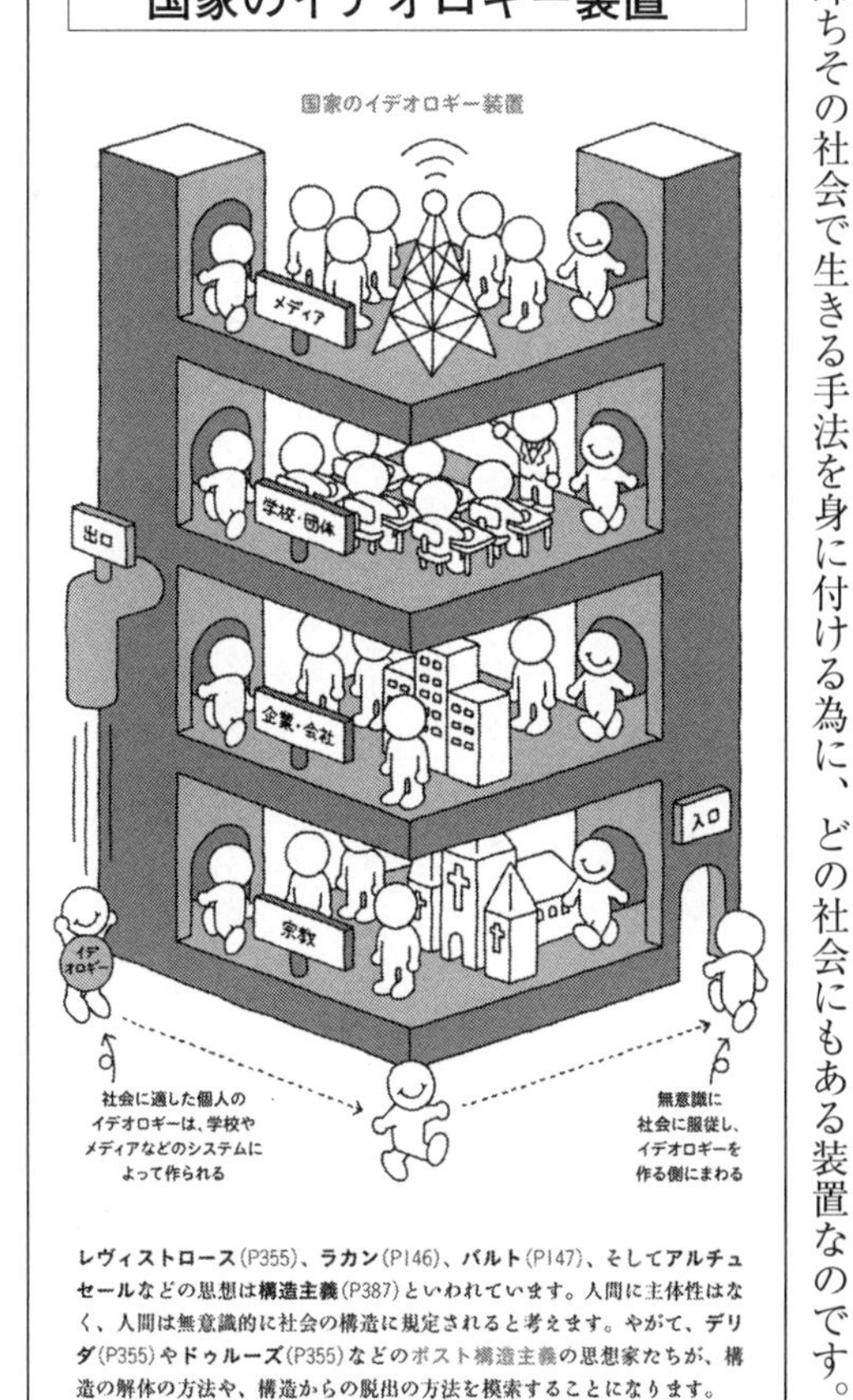

「続・哲学用語図鑑」（田中正人著・プレジデント社）
P185より引用

「国家イデオロギー装置」とは、教育と経験です。即ち、社会道場での修行です。

キリスト教文明社会では、毎日曜日ミサに参加する事や家庭と社会で教育される事などで、自然にキリスト教文明社会道場で修行する事になります。現代の中華文明社会では、学校と家庭と社会で教育される事で、中華文明社会道場で修業する事になります。

日本でも学校と家庭と社会とで教育されて、自然に日本文明社会道場で修業する事になります。学校で遊びを通して人と触れ合う中で、「やりたいようにやったら皆に嫌われた（怒られた）→辛かった」だから「辛いのは嫌だからやめておこう→皆と仲良くできた→良かった・嬉しい」という経験を重ねて、大多数の人は社会に順応して生きられるようになります。

もっとも、どの文明圏にも「生きづらいと感じ続ける人もいます」が、それは少数派です。なぜなら大多数の人が生きづらさを感じて「嫌だな。変わればいいのに……」と考えていると、次第に皆が「まあいいや」と妥協できる所まで、社会の方が変化するからです。社会の方が変わった事例としては、ヨーロッパでの市民革命などがあります。

いずれにせよ、その社会で生きる処世術を習得する為の装置ですから、表現の仕方が違ってもどこの文明圏にも国家イデオロギー装置は存在しています。装置がないと「万民の万民による闘争」の世界になってしまうからです。

中国の儒学者荀子は、国家イデオロギー装置を「礼治主義」と表現しました。『続・哲学用語図鑑』では礼治主義を次のように説明しています。

【人間は放っておけば、欲望のまま好き勝手に行動してしまう。けれども王の指導の下、家庭や社会で教育すれば、道徳が身に付き、悪であった本性は善へと矯正され社会は安定すると説きます】

言葉を変えれば、「最高権力者の指導に従っていれば、世の中はうまく収まる」という事です。この最高権力者に服従すべしという教えは、『論語』を始め四書五経に散りばめられています。尚、中国での『論語』を始め四書五経を**勉強する（丸暗記する）**という活用法は、宗教文明下で聖書やクルアーンの**教えに従う為に勉強する**という事に、似ています。

一方日本には「全員でこの文書を勉強して、従わなくてはならない」という正典文書が世に示されていませんので、学校と家庭と社会とで教育されるとはいっても、最終的に「自分がどうするべきか」は、個人個人が自分で決める事になります。その時その場で、仏教・

儒教・道教・西洋哲学・先人の伝承などから、何を参考にするかを自分で選んで自分で考えて、自分の道は自分で決めます。

即ち、《基準》がない日本には、従う為に勉強する文書がないので、自分で学んでゆかねばならないのです。この意味で、日本での社会道場の在り方は「道は学ぶ事はできるが教える事はできない」と説明する道教の在り方に似ています。

日本的社会道場・国家イデオロギー装置に似ている。「道」

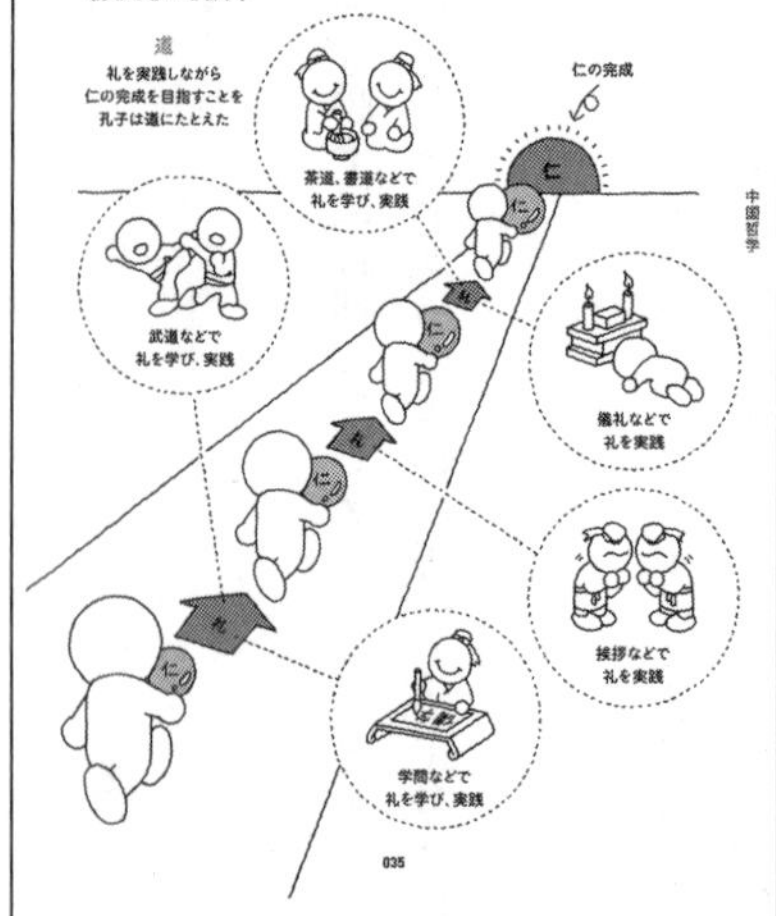

「続・哲学用語図鑑」（田中正人著・プレジデント社）P35 より引用

中国的社会道場・国家イデオロギー装置「儒教の礼治主義」

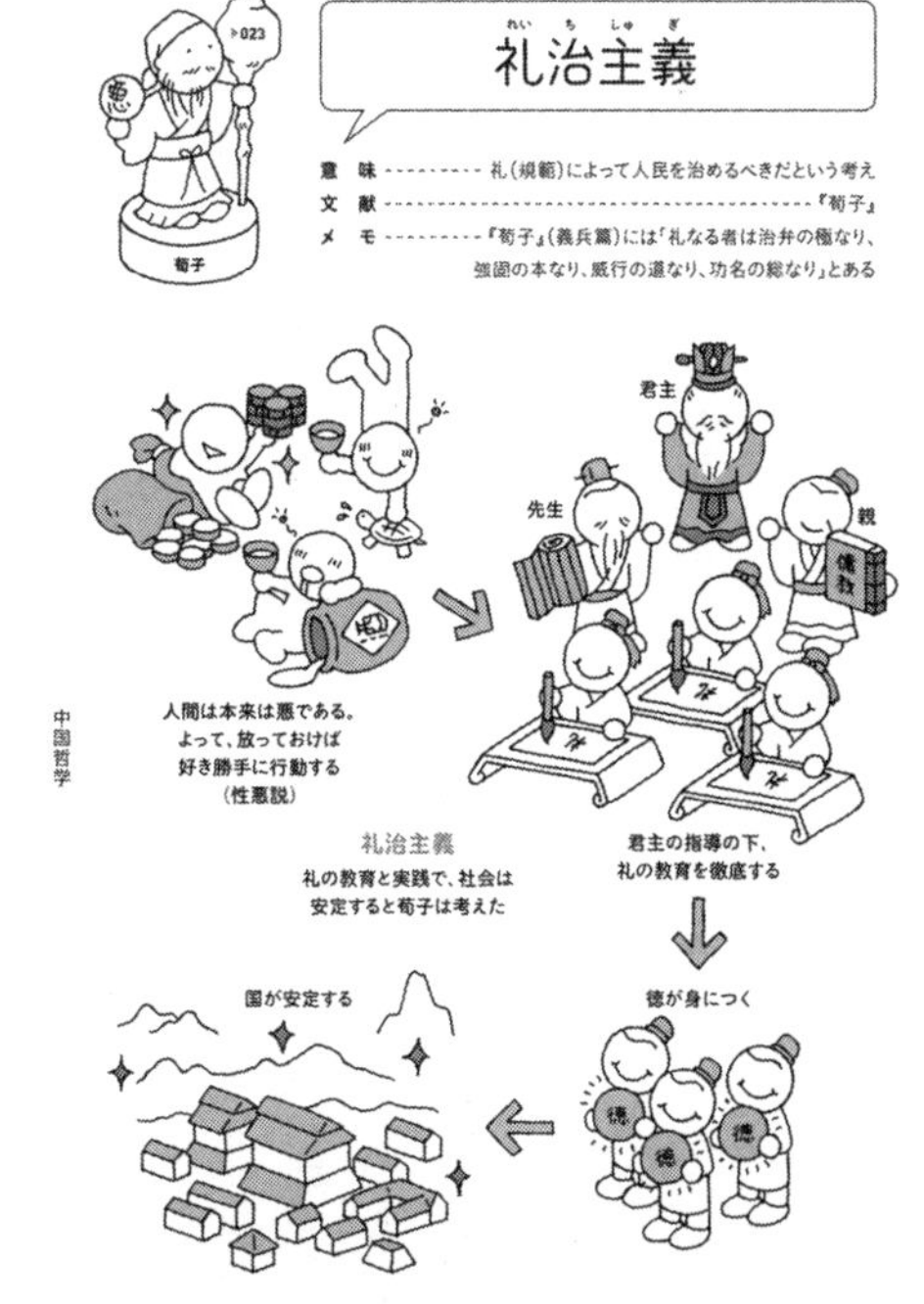

人間は、放っておけば、欲望のまま好き勝手に行動してしまうと**荀子**は考えました（性悪説P046）。けれども、王の指導の下、家庭や社会の中で**礼**（P032）を教育すれば、道徳が身につき、悪であった本性は善へと矯正され、社会は安定すると説きます。人間は十分に善になる素質があるというのです。**荀子**は礼の教育を重視する礼治主義を説きました。

「続・哲学用語図鑑」（田中正人著・プレジデント社）P48より引用

②《基準》を学び身に付けた、文明圏の中の良き構成員の姿

「社会道場」も「道」も「礼治主義」も、言葉は違っても「子供の頃から教育し続ける事で、その文明圏の《基準》を身に付けて、その文明圏での良き構成員となる」という主張は変わりません。

その文明圏の良き構成員とは、その文明圏の《基準》が「○が善で、×は悪だ」と決めたなら、自ら進んで次の行動をする人達です。「善なる○の実現に頑張ろうと、率先して行動する」人であり、「悪い×はやらない」人で、さらに「×をした人が批判されるのは当然だから、×をした人が迫害されても助けない」、そんな人達が、文明圏での良き構成員です。

●アメリカ社会における良き構成員の姿

現代キリスト教文明圏の《善》は、キリストの博愛の精神がもとになった《人権》です。ただ、その人物が「全人類に博愛の精神を持っているか否か」は外から見ただけでは解りません。しかしそれでも《基準》＝人権意識に欠ける人間は批判・排除すべきなので、「どうすれば悪い奴を見つけて排除できるか」を考えたところ、現代アメリカに「正しい政治

的発言＝ポリティカルコレクトネス（以下ＰＣとする）を守らない人間を、基準違反の人間と判断しよう」と言う人達が現れました。

アメリカ人は実用性を重んじますので、誰にでも解る判断基準を作ったのです。

もっとも、ＰＣ推進派は、「人間はＰＣを守り続けていけば、全人類に博愛の精神を持つようになる」と考えて、良かれと思ってＰＣを勝手に決めたのかもしれません。

しかし、その結果、禁止用語を使ったら、即座に人種差別主義者として社会的制裁を加えられる社会になってしまいました。人種平等にしたいと頑張った結果、ちょっとした一言で解雇されるという「疑似的言論統制国家」になってしまったのです。

本来の米国人なら「ＰＣを理由に解雇されれば言論の自由に反する不当解雇だ」と、賠償訴訟を起こすはずです。唯々諾々と解雇されるなんて米国人らしくありません。しかし、「ＰＣ違反のレイシストだ」と批判されると、多くの米国人が無抵抗になります。

これは米国社会で「ＰＣ違反をする人間は、悪人だ」という認識が《基準》になって、「ＰＣ違反を自分はやらない。違反した人が批判されるのは当然だ。違反した人が迫害されても助けない」という言動を多くのアメリカ人が選択するからです。

即ち、ＰＣが《基準化》され、憲法に保障された言論の自由よりも、法律には定めのない PCの方が権威が、上になったのです。

しかし「疑似的言論統制国家」となった母国アメリカに、多くのアメリカ人が不満を抱えていました。この為に「他国を富ませて、アメリカ人が貧困に苦しむのは馬鹿げている＝アメリカ・ファーストだ。言論は自由だ。PCに従う必要はない」と宣言して登場したトランプ氏が、二〇一六年の大統領選で勝利したのです。

トランプ氏が大統領であった時代に、アメリカのリベラル派のマスコミがトランプ前大統領を悪魔のように報道したのは、トランプ氏がリベラル派の作った《善なる基準》を吹き飛ばす発言を繰り返したからです。トランプ派とリベラル派との論戦が、平行線の罵り合いに終始するのは、《基準》をかけた言論の戦争だからなのです。

文明圏の《基準》というと永遠に変わらないと錯覚しそうですが、《基準》が変わる事は珍しくありません。欧米キリスト教文明圏では、市民革命の後には「キリスト教が絶対善である」という《基準》から、「人権が善である」という《基準》に変わりました。

この《基準》の変更は「その時には絶対的権威を持つけれど、普遍的絶対善ではない」という証明であります。

私は長い間キリスト教文明圏は「善悪二元論」だと思っておりましたが、実は一神教の立場は「一元論」なのだそうです。「一元論」とは、善なる一つだけが存在を許されるのが基本で、「《善》以外はすべて殲滅せよ」という厳しい理論です。

この為にキリスト教徒は歴史の中で、他宗教・他民族を殲滅させてきたようです。そして今もアメリカのリベラル勢力は、二〇二〇年の大統領選挙において自分達の《基準》に従わないという理由で、トランプ前大統領を排除する為に全力を尽くしたのです。一元論のキリスト教徒は「《善》以外はすべて殲滅せよ」が基本であるという事は、覚えておいた方が良いと思います。

●中国社会における良き構成員の姿

中華文明圏では、昔ながらに「最高権力者が正しい」という《基準》が今も健在であります。ですから、その時の最高権力者の意向次第で正しい事がコロコロ変わる事に、中国人は適応します。こうして中華文明に適応している中国人は「習近平主席に逆らう人間はてもよい」という言動をとります。

悪人だ。自分は逆らわない。逆らった悪人が皆に批判されるのは当然だ。悪人が迫害されても助けない」という言動をとります。

この為に習主席のポスターにペンキをかけた女性を「逮捕しろ」と命令が出れば警察は逮捕して、（多分）拷問したり・精神を破壊する薬物を注射したりするのです。この女性は釈放されてきた時には物事に反応しなくなっていたそうです。

このような中国の警察の行動は、他の文明圏の人達からすると人権侵害であり、野蛮そのものの行為です。しかし中華文明圏では《基準》に適合した適切な行動なのです。

アメリカのリベラル派が、トランプ前大統領を引きずりおろそうと熱中した事と同じです。中国の警察と米国のリベラル派の行為は、一見真逆に見えますが、「自分達の信じる《基準》を守る為に、基準違反の排除を目指す」という同質の行動なのです。

尚、中華文明圏の基本的立場は「正邪二元論」です。儒教では人間を君子と小人に分けています。この内で君子は支配すべき人々で、小人は君子に絶対服従すべき人々です。こうして「人間を二分して、最終的な正邪を決めるのが最高権力者である」というのが中華文明です。

③中国で《基準》が一般社会に啓蒙される様子

米国人も中国人も同じ人間です。違う社会道場で修業をしているとはいえ、真逆ともいえる《基準》を感覚的にまで信じるようになるのは不思議ですが、それが現実です。

人間は子供の頃から社会全体で「それが正しい・それが善である」と教え込まれると、大抵の人が「それを信じる」ようになります。その事例を日本に帰化された、元中国人・石平さんと、中国残留孤児の子息・矢坂明夫さんの対談集から提示します。お二人は『私たちは中国が世界で一番幸せな国だと思っていた　わが青春の中国現代史』（石平×矢坂明夫著・ビジネス社）の中で、以下のように述べておられます。

石平　周囲の農民の悲惨さといったらなかった。田舎の友達の家では、ご飯は毛沢東の指示に従って毎日お粥でした。というか、ほとんどお湯。大鍋の底に沈んでいるわずかな米粒をお玉でグルグルかき混ぜてすくい出し、すすっていた。

ただ幸い四川省は放っておいても芋が生えてくる土地だったので、毎日芋を食べていました。芋を食べられる分だけましだった。これが衣食住の「食」の現実でした。

「衣」といえば、子供たちは二、三年服を着替えたことがない。たとえば、三人兄弟でズボンが一つしかない。五人家族で布団が一組しかない。それが普通だったので、みな何とも思わなかった。

あんな悲惨な生活のなかでも、人民公社には一応小学校があったのです。小学校といっても悲惨で、机もなく土間の部屋で勉強していました。いま思えばバカみたいな話ですが、小学校の先生が毎日繰り返し、こう言っていました。

「君たちはこの世界のなかで、誰よりも幸せな生活を送っている。日本人民、アメリカ人民、世界の人民は、みな毎日食うや食わずの生活をしている」と（笑）。われわれはそう教えられてきた。

矢坂　その教育は私たちの時代にも残っていて、「少年報」という小学生新聞みたいなものがあって、「社会主義は素晴らしい、資本主義は悪い」というコーナーがありました。

そこには必ずと言ってもいいほど、「病気になった子供を人民政府が助けて、子供は健康を取り戻した。一方、（資本主義の象徴である）ニューヨークでは子供が餓死している。ホームレスが凍死している。」といった記事が毎日載っていて、子供たちはみな信じていました。一九八〇年代のことですが――。

このように、子供の頃から一貫して「それが正しい」と教え込まれると、人はそれを信じます。疑う理由がないからです。

石平さんが「自分達が、事実と違う事を教えられていた」と気付いたのは、大学に進んで周囲の友達から事実を知らされた事と、長年学校で「食うや食わずの生活を送っている」と教えられた日本人やアメリカ人の豊かな生活ぶりを知ったからでした。

石平さんや矢坂さんが中国で教え込まれた「中国人は幸せだ。日本人やアメリカ人は不幸だ」という、中国での正しい認識は、他国では虚偽で事実でもありませんでした。

即ち、教え込まれた社会の正しさは、別の社会では正しくない事が少なくないのです。ですから、石平さんと違って中国に残った多くの友人・知人は、今も「中国人は幸せだ。中国は、まもなく世界の中心の国家という本来の地位を取り戻すのだから……」という新たな教えの下で、疑う事もなく満足して暮らしているようにみえます。

人は知らなければ、信じ続ける事もできるからです。そして習主席を信じているように振舞う事が、（悪人として粛清されない）中華文明社会の良き構成員の姿だからです。

④自由な心と社会の関係

社会道場で「この社会の《基準》は正しい・善である」と教え込まれて育つと、一般的に人はそれを信じますが、人の心はままならぬモノなので自由な心は生き続けます。

●自由な心

フランスの哲学者サルトルは「**人間は自由の刑に処せられている**」という表現を使って、人の心の自由はいかなる《基準》をもってしても統制できないと主張しました。

これを「実存主義」と言います。

サルトルは、「人間とモノとでは、存在の理由が違う」という所から説明を始めました。モノは必要だから（人間が）作ります。例えばハサミはモノを切りたいから作られたのです。だから、ハサミはハサミとして生きる以外に道がありません。つまり**ハサミには、自分の存在理由を選択する自由はありません**。

一方、人間は必要でなくても生まれてきます。この世に誕生した段階では、将来どんな職業に就くか何をするかは誰にも解りません。その赤ちゃん本人にも解りません。成長して大人になってから、何になろう、何をやろうとその人が決める事になります。つまり**人**

間には、自分の存在理由を選択する自由があります。

モノには自由がなくて、人間には自由がある。「人間で良かった」と思わず感じますが、自由に選択した結果が良くても悪くても、その責任は自分で負わねばなりません。失業や破産の危険は常にあります。自由であるという事は、不安を抱えて生きる事でもあります。この意味でサルトルは「**人間は自由の刑に処せられている**」と表現したのです。

サルトルが、一般的にはプラスのイメージがある自由をして「**刑に処せられている**」と言い切ったのは、サルトル自身が自分の心・感情を持て余してしまった事もあったという経験からの実感だと思います。

理性で考えれば「〇〇は無理だ」と判断せざるを得ない状況でも、感情では「〇〇以外は嫌だ」と思うべきでなくても思ってしまう。自分では消せない「心の葛藤の苦しみ」が「刑に処せられている」という表現になったのだと推測します。

人間は自由の刑に処されている

人間は自由の刑に処されている

出　典 ------------------------ サルトル『実存主義とは何か』
メ　モ ----------- 人間の「主体性」を重視するサルトルの思想は、構造主義の台頭とともに、影響力を失っていった

物には**存在理由**(P288)が先にあるので自由はありません。けれども人間は自分の**存在理由**を自由に作ることができます。何になろうが何をやろうが、その人の自由なのです。ただし、そこには不安と責任がともない、時に大きな重荷となります。**サルトル**はこのことを『人間は自由の刑に処されている』と表現します。

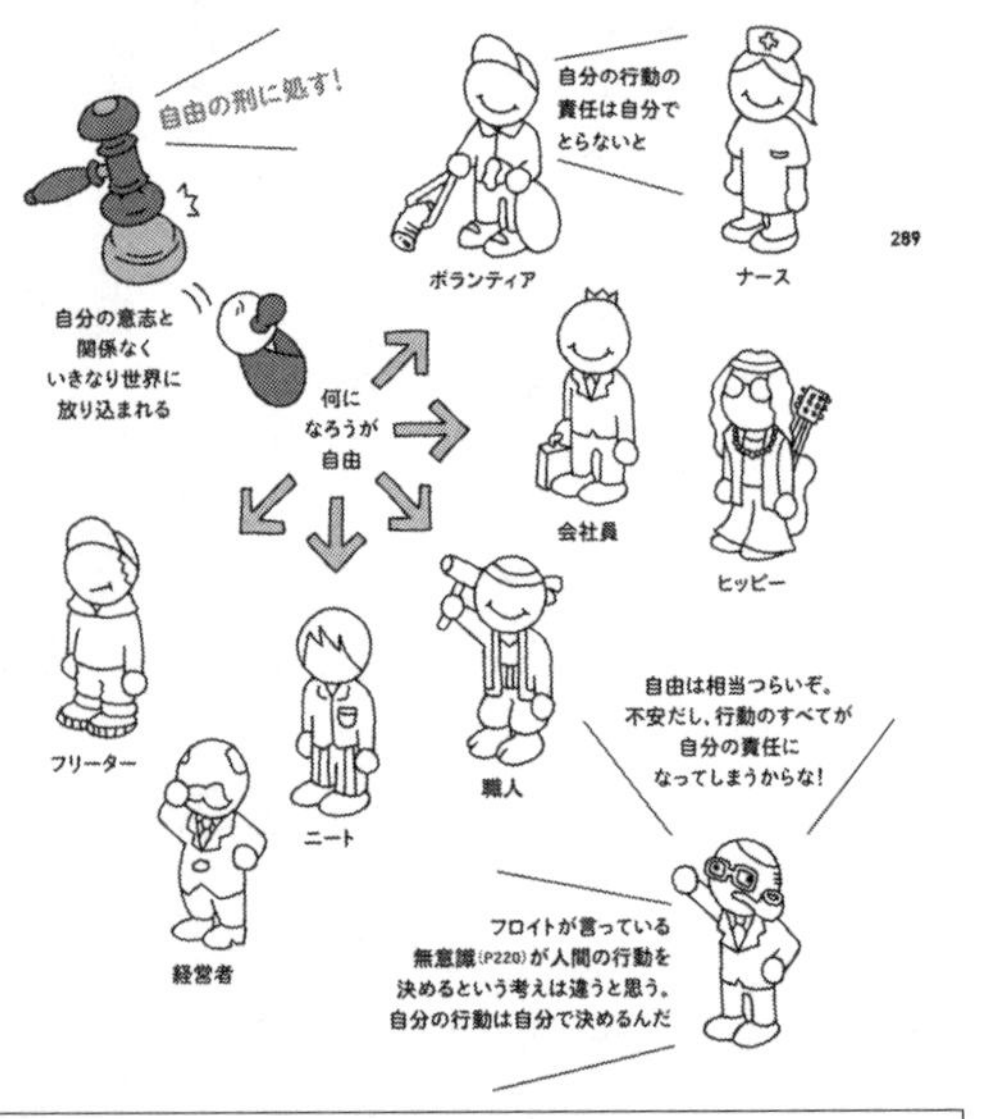

「哲学用語図鑑」(田中正人著・プレジデント社) P289より引用

●自由な心と社会道場との関係

「二元論」のキリスト教文明社会では、「善でないモノは、悪」という考え方をします。

例えば、サルトルの実存主義とアルチュセールの国家イデオロギー装置説では「どちらが正しいか」と考えたりします。

しかし日本人たる私は「どちらも正しいので、どちらが正しいかと思考する事自体が不毛である」と思います。なぜなら「人の心はいかなるものか」の答えを探して、サルトルは自分の心に聞き、アルチュセールは、他人の発言や行動を観察したからです。

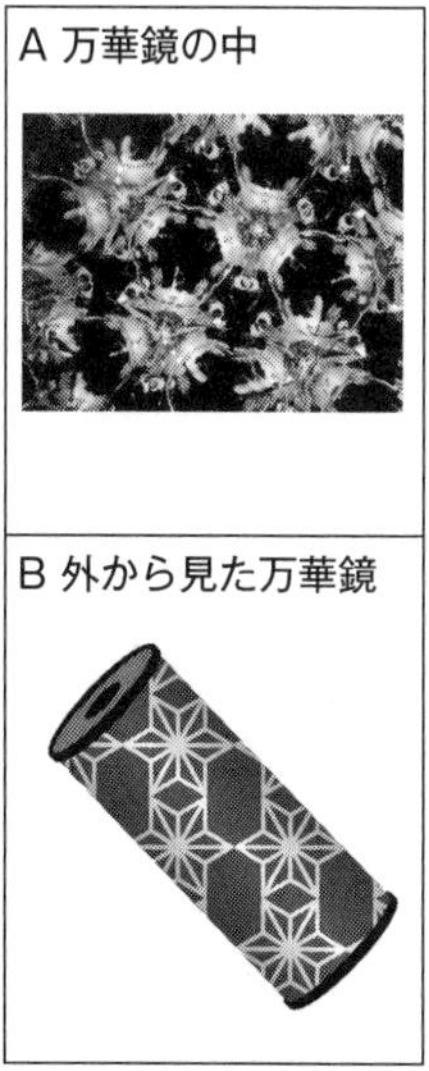

万華鏡の中を見た時に見える形と、外形は違います。でもどちらも万華鏡です。見方が違えば、違って見えるのは当たり前です。ですからサルトルとアルチュセールのどちらが正しいかと論ずる事はナンセンスで、私は両方が万華鏡であると思うのと同様に両方の説が正しいと考えます。

A 万華鏡の中

B 外から見た万華鏡

実存主義と国家イデオロギー装置説、この二つの説を合わせると、「人の心はままならない、自分でも感情を制御する事はできないが、その社会で生きている内に発言と行動は、社会に順応する」だと思います。

実際、それぞれの土地で気候風土にあった生活様式が取り入れられて、その集団に合った慣習が生まれるのは当然です。ですから、自然に合わせて生まれた文化や慣習、人間の生き方の、どっちが正しいと論戦する事が、そもそも無意味なのです。

「キリスト教文明が善なのだ」「中華文明が正しいのだ」と論戦する事は、右上図のＡＢの「どちらが正しい万華鏡か」と論戦しているも同じです。

それなのに今、文明の衝突が発生しようとしています。

過去の歴史を振り返れば、領土争いよりも、宗教戦争などの《基準》をかけた戦争の方が悲惨でした。領土争いは利益をかけた戦争なので、負けそうなら「損したくないのでやめる」という理性が働いて終戦に向かいます。

しかし《基準》をかけた戦争になると、理性の歯止めがきかなくなります。「基準違反の悪魔を滅ぼす事が目的の戦争」とは、つまりは「相手の信じる事や言う事が気に入らないから、追い出したい・殺したい」という感情がもとになった戦争なので、追い出したり殺したりして**気が済んだ時**か、戦っている人達がその悲惨さに嫌気がさして「もう殺し合いたくない」と**気を変えるまで**は、どれほど話し合っても殺し合いが続くからです。即ち、《基準》を持つ社会では、内でも外でも、基準の座をかけた戦いが止む事がないので、常に抗争・戦争が起きる構造になっています。

《争い続ける構造》……文明圏の中で自分が《基準》になる為の内部抗争が常に起きる。

（例）アメリカでのリベラル派とトランプ派の論争。反対意見を封じ込めないと、自分が善になれないという「一元論の構造」で、相手と折り合えないので発生します。

《独裁者が政敵を粛清し続ける宿命》……《基準》によって権力を握っているので《基準》を守らなければ自分の権力構造を維持できない。

（例）中国の習主席の権力基盤は「最高権力者だから、習主席が正しい」です。この為、逆らう人間を放っておくと「習主席が正しい」という《基準》が揺らぎ、合わせて権力基盤が揺らぎます。ですから、習主席には反対者を許すという選択肢はありません。即ち、中華文明の最高権力者の宿命なので、習主席は逆らう者を粛清し続けます。

このようにキリスト教文明や中華文明では、（普遍的絶対的《基準》が存在する為に）、常に《基準》の座をかけての戦争・抗争の危険を内包しています。

これに対して日本には《基準》がありませんから、土地争いなどの利益をかけた争い以外の余分な争いをしなくて良いので、土地の分取り合戦がない時には、太平の時代が訪れました。今も日本国内は、他国に比べれば平穏です。

ただ近頃の国際環境は、「できれば、関わり合いになりたくない」という、日本の願望が許される状況ではなくなっています。米中関係が「戦争・冷戦・冷たい平和」のどれになるかは、今はまだ解りませんが、いずれにせよこれから《基準》をかけた覇権争いになります。

日本列島はその米中の間の海に浮いているのですから、日本の意思には関係なく米中の取り合いになります。米中戦争が勃発すれば、当然その主戦場は日本になるのです。

つまり日本が「世界は一家。人類は兄弟。皆で仲良く暮らせればいいな」とボーっとしている内に「国際情勢がこうなっちゃった。困ったな」と対応する、今までの外交政策を続けていくと、近い未来に国土が戦場となる悲劇が繰り返される可能性を排除できません。

ですから、未来の戦争を防止する為には、まず日本人が日本を知る事が必要だと私は考えます。「彼を知り、己を知れば、百戦殆(あや)うからず」(『孫子』より)と申しますから……。

第二章　日本文明の正典「十七条の憲法」

前章で、「文明とは《一定の基準に従って》人々が集まって、皆で仲良く暮らしている人達の領域です」と申しました。

けれど日本文明だけには《基準》がないので、《基準》がなくても仲良く暮らせる」のが、日本文明の特質です。なぜ日本でだけそんな事ができるのかといえば、「十七条の憲法」で「自由な心のままで、皆で仲良く暮らそうよ」と推奨しているからです。

一　「十七条の憲法」の成立

「十七条の憲法」は推古十二年（西暦六〇四年）日本の黎明期に、「理想国家への道しるべ」として、時の摂政・聖徳太子によって制定・公布されました。

「十七条の憲法」は冒頭で、「和を以て貴しとなす→喧嘩しないで皆で仲良く暮らそうよ」と言っています。そして以下で「こうすれば」「仲良く暮らせるよ」と提案してくれているのです。はっきり言えば、「十七条の憲法」が言っているのはこれだけです。極めて具体的で難しい哲学理論はありません。だから「十七条の憲法」を読めば、誰でも「そうか、こうすれば喧嘩にならないのか」と解ります。

本来「十七条の憲法」は天皇に使える官吏が護るべき規範を定めたものですが、この誰でも解る明快さで一般庶民層の心にまで染み込んで千四百年の間に日本国民の無意識の自主的選択によって「日本文明の正典」になりました。ですから、ハンティントン博士を始めとして欧米人には謎に見える「日本文明」は、「十七条の憲法の理論」で説明できます。

★「和を以て貴しとなす」の意味

聖徳太子は、十四歳の時に仏教伝来の時から対立関係にあった「仏教派」蘇我氏と「仏教排斥派」物部氏の「戦」を経験していました。

つまり、蘇我氏の「仏教を信じたい心」と物部氏の「伝統を守り、神道を奉じ続けたい心」――その「心」と「心」が対立を生み、終いには戦となった事を、間近に見ていたのです。

だからこそ「心の相違」「意見の相違」によって、再び、戦の悲劇が繰り返される事がないようにとの願いが「和を以て貴しとなす」の言葉に込められているのだと思います。

二　日本文明の正典「十七条の憲法」の理論　総論

「十七条の憲法」だけでなく、世界の文明の正典文書は、すべからく「**人間社会はこういうモノ**」なので、皆で仲良く暮らすには「**こうすればいい**」という論法です。

つまり、文明の違いは「人間社会はこういうモノ」と「こうすればいい＝《基準》」で発生しています。

そこでまず、日本文明「十七条の憲法」では「人間社会は、どういうモノだ」と言っているかといえば、第十条で、人間社会の根本原理を以下三点としています。

> ●「自由の概念」→「心は自由」主義「人間には皆、心がある」
> ●「平等の概念」→「同じ人間」主義「人間は皆、共に凡人なのだ」
> ●「正邪不定論」主義→「物事の正邪は、誰にも決める事はできない」

ちなみにこの三大原理は、**人間社会を『観察した』結論**です。「人間社会をこうしよう・ああしよう」ではなくて、「人間社会はこういうモノだ」の結論です。

ですから、私がここで三大原理として掲げていても、「自由・平等・正邪不定論」を獲得した権利として謳いあげているのではありません。

この三大原理は、人間社会は自然にこうなってしまうので、放っておくと争い事が起きてしまうという、いわば「衝突の根源」です。西洋哲学で言う所の「万民の万民に対する闘争」の根源です。

「土地争い」を、例にしてみます。

●「正邪不定論」
「この土地で、農業をしたい」と言う二人の、「どちらの願望が、正しいか」は誰にも決められない。

●「心は自由」
「この土地で、農業をしたい」という感情は、自然に生まれてくる。
また「土地争い」が起こると「嫌い」という感情も、勝手に生まれてしまう。

●「同じ人間」
誰もがその人の言う事を、自然に受け入れたくなるカリスマがいれば、その人に仲介を依頼すればいいが、人間は、皆凡人なのでそんな人はいない。

右の事例で考えると、「皆で、仲良く暮らす」のは、殆ど不可能のように思えます。

ところが、論理的には簡単です。

右の状況では、「戦うか」「話し合うか」二つの選択しかありません。

ですから、戦うのが嫌だったら、話し合いしか残らないのです。

どんなに嫌でも、話し合うしかないのです。

（注：日本では「同じ人間なので誰もが自然に従うカリスマは存在しない」ですが、他の文明では「誰もが自然に従うカリスマが存在しないので、誰もが《基準》に従わなくてはならない」です。）

ですから、「十七条の憲法」第一条（抜粋）では、

常に、和らいだ気持ちで人に接して、争いを起こさぬようにせよ。

人はすぐに党派を作り互いに競い合い、……　諍いが起こる。

しかし、関係者全員で、互いに相手の立場を思いやり、和らいだ気持ちを持ってよく話し合えば、『自然に』物事の道理にかなって、何事も成就する。


と、話し合いを推奨しています。

つまり他の文明圏では意見の相違が起こった時には《基準》に従えですが、「十七条の憲法」は、

「人間社会では自然に争い事が起こります。その中で争い防止策として十七条の提案をして、この方法で皆で仲良く暮らそうよ」と主張しているのです。

尚、私は「十七条の憲法」理論を次のように読み解きました。

● 「十七条の憲法」の皆で仲良く暮らす方法

●日頃から和らいだ気持ちで人に接して、親睦を深めて争いを防止する

互いにギスギスしていては、些細な意見対立でも、すぐ争いに発展するので、意見対立の前に、信頼し合える社会を事前に作っておいて、争いを起こりづらくします。

●意見対立が発生した時は、相手の立場に立って思いやりの気持ちで話し合う

自然発生する利害対立の時に、相手を言い負かす為に論戦をして、言い合いに勝ったつもりになっても、相手が納得せずに行動を変えなければ現実は変化しません。ですから、結局は「互いに不満でも『仕方がない』と双方が納得し合って行動を変えられる折衷案」こそが、「物事の道理にかなった結論」なのだという主張です。

●決まった事は皆で守る

決めた決まりを守らない人がいると、最初から「仕方がないな」で納得しているので、皆が守らなくなってしまいます。

または守らない人に対して「ずるい。許せない」という気持ちが生まれ、再び争いの種が生まれてしまいます。つまり「決まり・掟は、皆で守る」、これが、《基準》を決めなくても皆で仲良く暮らせる秘訣です。

突き詰めていけば、「十七条の憲法」が言っているのは、これだけです。「全くもっておっしゃる通り」なので、皆「そうだよね」と思う訳です。けれど、「解っちゃいるけど、やめられない」事が沢山あるので、論理的には簡単なのですが、実現させるのはそう簡単ではありません。

その為に、聖徳太子はその他の条文で、具体的に「こうすればいいよ」と提唱してくれています。手取り足取り、懇切丁寧に教えてくれているのです。

第三章　日本文明の正典「十七条の憲法」の理論　詳細

この章では、なぜ「十七条の憲法」から、私が「十七条の憲法」理論を導き出したかを説明します。一部前章の繰り返しになりますが、ご了承願います。

一　「十七条の憲法」の世界観

「十七条の憲法」の世界観は、第十条に記されています。（注：右線部は解りやすくする為の筆者の挿入部分です）

> 第十条　人の意見が自分と違っても、怒ってはいけない。顔に出してもいけない。**人間には皆心がある。**「自由に思う心」を、生まれながらに持っている。故に、相手がこれと言っても、自分は違うと思う。自分がこれと言っても、相手は反対だという。皆に心があるので、それは当然の事だ。ただその時、自分が賢く正しくて相手が愚かだという訳ではない。**人は皆、共に凡**

人なのだ。そもそも立場によって意見は変わるので、**物事の正邪は、誰にも決める事はできない。**お互い誰もが賢くもあり、愚かでもある。それは耳輪に、端がないようなものだ。

だから、相手が怒っていたら、自分に間違いがあるのではないかと、恐れなさい。

自分が最初これだと思っても、皆の意見を良く聞いて熟考して多数の人達の意見が集約されるならば、皆の意見に従って、行動しなさい。

この第十条によりますと、「十七条の憲法」に見る人間社会の根本原理は、以下三点です。

- ●「自由の概念」↓「心は自由」主義「人間には皆、心がある」
- ●「平等の概念」↓「同じ人間」主義「人間は皆、共に凡人なのだ」
- ●「正邪不定論」主義↓「物事の正邪は、誰にも決める事はできない」

この三大原理は、人間社会を観察して得られた原理ですので、自然現象です。

《基準》を善なるモノとする宗教文明の「一元論」や《基準》を正しいモノとする中華文明の「正邪二元論」と区別する為に、この日本の世界観を本書では「多元相対論」とします。

二 「多元相対論」日本文明の自由の概念

人は生まれながらに、「自由な心」を持っています。これは獲得した権利ではありません。「そう思ってはいけないと思っても、そう思ってしまう」、奔放で自由な心は、誰にもどうする事もできない自然現象です。

つまり『心はままならないモノ』なので、意見の相違による衝突を防止するには、**『互いの自由な意見を尊重し合う以外に、道はない』**というのが、「多元相対論」の立場です。

「十七条の憲法では**『自由な意見を尊重し合う以外に、道はない』**という考え方を、「**人の意見が自分と違っても、怒ってはいけない。顔に出してもいけない**」と表現しています。

なぜ、怒ってはいけないかと言えば、「人の心は自由なので、こちらが怒ったからといって相手の意見は変わらない。怒れば喧嘩になる」からです。

言葉を変えれば「こちらが怒ってみても相手の意見は変わらない。喧嘩になって疲れるだけなのでやめておいた方がいいよ」になります。

人が「こう思う」事は、誰にも止められません。感情は自然に湧き上がってくるので、自分自身にも止められないのです。ましてや、他人に怒られたぐらいで、本音の意見が変わる事などないのです。

ですから「十七条の憲法」の理論における、自由な心の守護は「**自分自身の自由意思を守る為には、まず他人の自由を尊重する。皆で尊重し合えば自由な心は争いを起こさない**」となります。具体的な発言と行動の方法としては「人の意見が自分と違っても批判しない。皆で批判しなければ、どんな意見が出ようとも争いの元にはならない」です。

人の意見が色々なのは、自然現象です。例えば、欧州各国では一時期「自由な心を封印して、教会・王様に従う」という《基準》を作りました。教会に睨まれて、「異端者だ」「魔女だ」とレッテルを貼られると命がありませんでした。けれど結局は、人の心の自由は縛り切れませんでした。キリスト教会の精神支配は、いわば「自由な心を封印できるか否か」の壮大な社会実験であったのかもしれません。

過去を振り返れば、古代ローマ時代の欧州地域は「一元論」を採用していませんでした。ローマ時代のストア哲学では「世の中にはコントロールできる事とコントロールできない事がある」とした中で、他人の心は、コントロールできないモノの一つとしました。

つまりローマ時代には、他人に命令しても、その心は変えられないと認識されていました。古代ローマの世界観は「多元相対論」であり、日本文明と同じだったのです。

その後古代ローマは世界帝国となった為に、多様な価値観の多民族を帝国内に内包する事となり、各地に反乱が頻発するようになりました。そこで「一元論」のキリスト教会が持つ《基準》の力を利用して「神の選んだ皇帝には逆らってはいけない」という意識を植え付けて、人々の「自由な心」を抑圧して秩序を維持する道を選んだのです。

しかし、フランス革命などによって、「自由な心に基づく発言と行動」は蘇りました。結局は人の心の自由は縛り切れなかったのです。

「十七条の憲法」の三大原理

1「自由」・心は自由
人の意見は色々

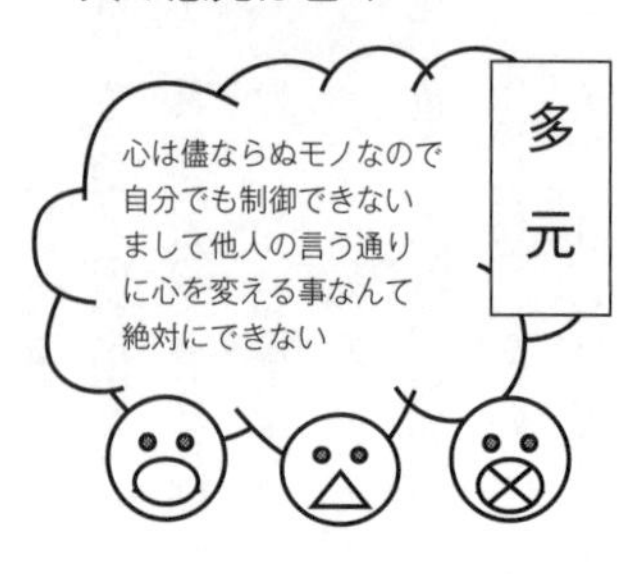

多元
心は儘ならぬモノなので
自分でも制御できない
まして他人の言う通り
に心を変える事なんて
絶対にできない

2「平等」・同じ人間主義

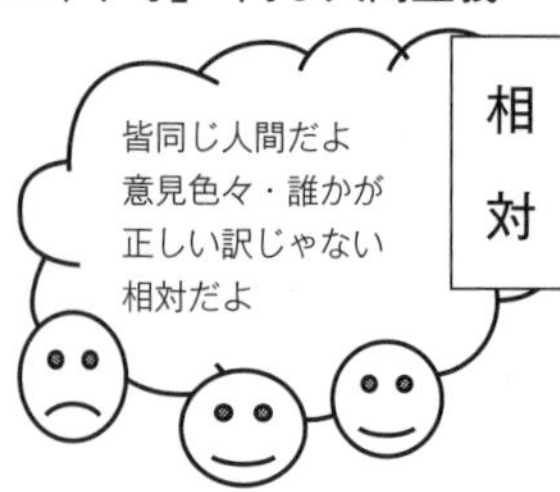

3「正邪不定論」主義

論

三　意見の相違は、話し合いで「双方が納得できる解決策」を見つける

人の心は縛れないので自然に土地争いなどが発生し、放っておくと「万民による万民の闘争」の世界になります。日本以外の文明圏では、全員が従う《基準》ができて、宗教者や国王・皇帝が「この土地は○○のだ」と裁定する事で争いを抑止してきました。

しかしその《基準》が日本にはありません。ですから日本では争いの当事者が「戦うか」「話し合うか」という二つの選択しかありません。この為に、戦うのが嫌だったら、嫌いな相手とでも話し合うしかありません。

日本でも朝廷や幕府が力を持っていた時には争いの調停者にはなりましたが、それでも双方から事情を聞いて調停する形が一応とられていました。

即ち、人々が衝突しないで平和に暮らすにはどうすればいいかというと、結論は一つです。それぞれ自分の事情を出し合って話し合うしか道はありません（もっとも、日本でも長い歴史の間には、弓矢を持って戦った事も沢山あります）。

「十七条の憲法」での、合議（話し合い）の条項は、以下の二条項です（抜粋）。

第一条　関係者全員で、互いに相手の立場を思いやり和らいだ気持ちを持って、よく話し合えば自然に物事の道理にかなって、何事も成就する。
第十七条　物事は、独断で決めてはいけない。必ず皆で論議して決めなさい。衆議に照らして、賛成反対の意見を集約して、結論を得るならば、物事は成就する。

「十七条の憲法」は、一元論の論法で「どちらが正しいのか決めなさい」ではなくて、「双方が納得できる解決策を見つけなさい」と指摘しています。これは、どちらにも言い分はあるので「どちらが正しいか」では負け方が納得できずに、真の平和は望めないからです。

意見対立が発生した時に、「どっちの意見を、採用するか」の一元論（二者択一）で論戦をすると、結果は勝利者の意見を採用する事になります。しかし論戦で負けた方の怒りが強いと、決まった事を無視したり、わざと破ったりします。すると、決まった事が守られない事で、双方の溝が深まり状況は悪化してゆく事になります。

例えば、第二次大戦後にユダヤ人がイスラエルという国を創りました。この建国は国連で討議され、多数決で承認されました。しかし「絶対に認めない」というアラブの人達の意見を変える事は誰にもできないので、今もイスラエルには平和の日が訪れていません。

このように力ずくや多数決で無理やり決めても、却って反発が強まる事もあります。

ですから、不満は残っても双方が履行できる落とし所へ持ってゆくのが、現実的に紛争を解決する唯一の手段です。だから「十七条の憲法」は互いに「相手に思いやりの気持ちを持って話し合えば、双方が納得できる落とし所が自然に現れる」としています。

尚、この時はどちらも譲歩しているはずなので、「やむを得ず」とか、「仕方ない」と諦めて納得し合います。どちらも完全には満足しません。いわゆる玉虫色の解決であり、すっきりさわやかではありません。しかし、これからも「仲良くできる」という事は、何物にも代えがたい喜びになるのです。

ですから「十七条の憲法・第十条」の最後で**【多数の人達の意見が集約されるならば、皆の意見に従って、行動しなさい】**と推奨しているのは、「相手に、服従しなさい」という敗北主義ではなくて、「和」を維持する為の戦略的な思考です。

その理由を以下に記します。

第十条の「多数の人達の意見が集約されるならば」は「自分はこう思う。しかしAの意見は違う。Ａの意見にも一理あるけれど、やはり自分の意見の方が正しいと思う。なのに、皆はＡに賛成のようだ」という状況です。

こういう時には二つの道があります。

自分の意見に固執して**みんなと袂を分かつ道**と、ひとまず自分の意見を封印して**みんなと仲良くし続ける道**です。「十七条の憲法」では、後者の道を推奨しています。

この時、表面上自分の意見を封印する事を、「自分の意見を捨てなければならない」と考えると「相手に服従しなさい」と言われているように感じます。しかし、実際には、**自分で捨てようと思っても、自分の意見を捨てる事はできない**のです。誰しも夜に一人になった時に、「あー、頭にくる」と怒りが込み上げてきて眠れなくなった経験はあると思います。つまり、自分の感情は自分でも制御できない、捨てられないのです。

ですから、自分の意見を封印して譲歩するという事は、**みんなと仲良くし続ける事を、自分で選ぶ**という行為なのです。そして自分で選んだのですから、（不本意ではあっても、潔く）**みんなの意見を尊重して発言して行動する**方が、すっきりします。

即ち「多数の人達の意見が集約されるならば、皆の意見に従って行動しなさい」とは、自分の心を殺して相手の心に「服従しなさい」ではなくて、自分の意に染まなくても、仲良くし続けられるように「行動しよう」なのです。

ですから「**和を以て貴しとなす**」**とは**「**喧嘩にならないように、発言して行動しよう**」という呼びかけです。「人間には皆心がある」ので、心を変えろと言っても無駄なので、発言と行動を変えて仲良くしようと推奨しているのだと思います。

★「多元相対論」と「一元論」の討論の目的と結果の違い

但し、現在でも欧米社会では「一元論」の感覚で論戦をする伝統を維持しています。

「一元論」は、『《善なる基準》をまず決めて、その基準に全員が従う』事で、秩序を維持する方法です。この為、自分の意見が「善なる正しい意見である」と周辺の過半数の他者によって認定されないと、それが社会の中で生きていけないので、欧米人は長い間生き残りを懸けて論戦を続けてきていました。

この為に今もって「自分の意見は善だ。反対する人は滅ぶべきだ」という論法で、相手を言い負かして退場させる事で自分の意見を現実化しようとする手法が健在です。

結果、意見や宗教の違いで衝突が起こります。立場が違えば意見が違うのは当たり前です。これはダメだと言うと、衝突が止む事はありません。

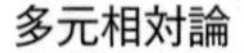

「衝突しない自由意思」

「A」「B」「C」の意見が
並立する、社会

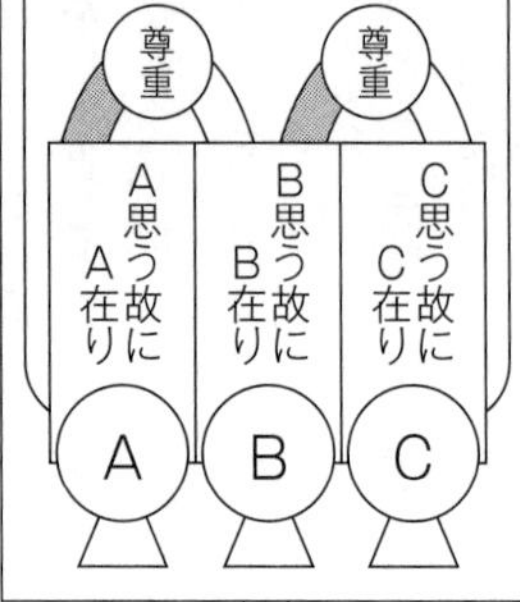

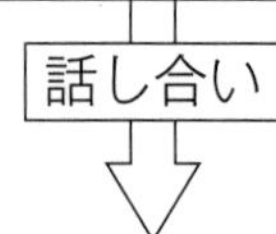

決まり「D」ができる。
決まり「D」を守る行動が
とられる「A」「B」「C」の
意見が並立する社会になる

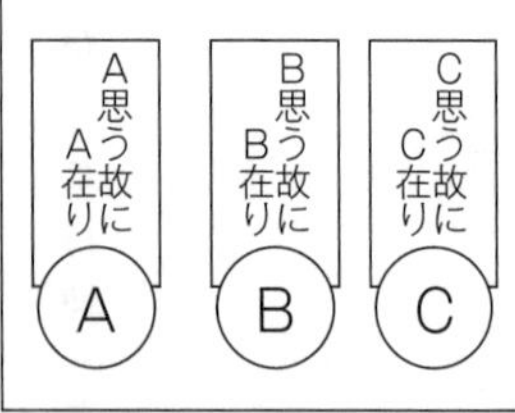

一元論

「勝利を目指す自由意思」

「A」「B」が生き残りを
懸けて、論戦する社会

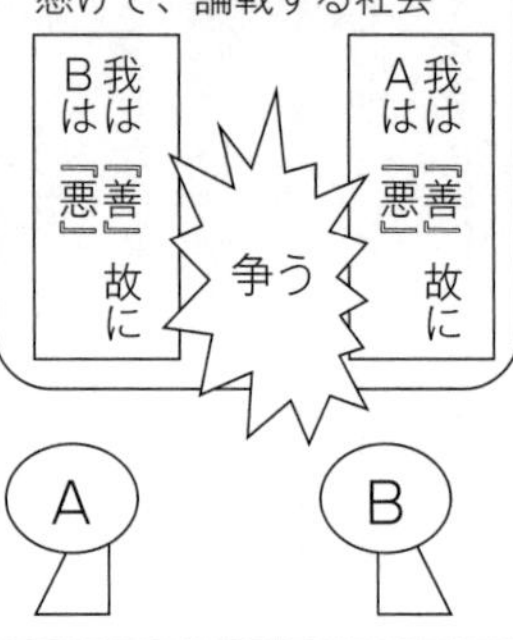

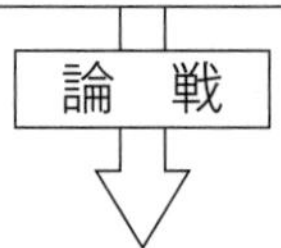

決まり「A」ができる。
「A」が善なる意見と決ま
ったので、「B」を言えば
悪人になる

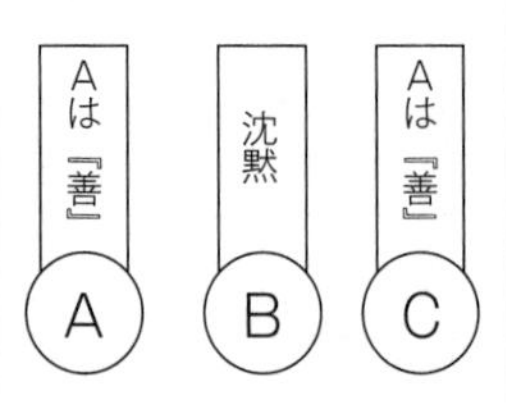

四　仲良く暮らす為の、日頃の「思考」と「行動」

「意見対立が発生したら思いやりを持ち合って話し合い、双方が納得できる結論を得る事で、皆で仲良く暮らす」これは、極めて現実的な選択です。

とはいえ、意見対立が発生してから、いきなり思いやりを持ち合うのは困難です。話し合いを成功させるには、日頃から思いやりを持ち合う社会にしておく必要があります。

この観点から「十七条の憲法」では、

「**人々が仲良く暮らせる社会を導く方法**」として、以下二点を推奨しています。

- **『思考方法』個人の精神規範**
  仏教を信仰せよ
- **『行動方法』社会の中の、個人の発言・行動規範**
  互いに優しい心で人に対して、敵意を育てないようにする
  互いに嘘を言わず、誠実な行動をし合うならば、社会全体の信頼感が増してゆく

五　仲良く暮らす方法　その一　日頃の「思考方法」＝「仏教を信仰せよ」

●仏教は、人を苦しみから救い、国家の倫理規範となって、人々の平穏な生活を守る

人間は、相手に怒りや憎しみの心を抱き、相手を「許せない」と思っている時には、自分も辛くて幸せではありません。逆に相手の事が好きで、感謝の心が湧き上がり「あの人のおかげだ」と思っている時には、自分も嬉しくて自然に笑顔になります。

仏教ではよく「悟りを開けば救われる」と言いますが、この悟りとは、いかなる事態に遭遇しても、怒りや憎しみに感情が支配されなくなる事だと思います。

とはいえ、感情ばかりは自分でもどうする事もできません。そこで一般的に、宗教には戒律という「信者の思考・発言・行動規範」があって、戒律を守っていれば、「時至れば立派な信者になれます（＝感情が変わって幸せになれます）」と信者に説いています。

ですから、「十七条の憲法」では、怒り・憎しみ・嫉妬などの感情に負けて他人を傷つけていては仲良く暮らせないので、負の感情が無くなるように「仏教を信仰しよう」と呼びかけています（「仏教」の詳細は、第二部にて論じます）。

「仏教を信仰すればいつもニコニコ幸せな気分でいられるよ」と推奨しているのです。

六　仲良く暮らす方法　その二　日頃の「発言と行動方法」

●互いに優しい心で、人に対して敵意を育てないようにする

この「優しい・思いやり行動方法」の該当箇所は、「十七条の憲法」の以下の条項です。いずれも抜粋です。

第四条　官吏は、常に礼儀正しくせよ。統治の基本は「礼」である。上司が乱暴な言葉で非礼な命令を下せば、部下は、不愉快になり、素直に命令に従う気持ちをなくす。その為、表面上命令に従っているようでも、部下の仕事に、乱れが生じる。庶民に直接接する官吏が、横暴な振舞いをすれば庶民は怒って、犯罪を犯す者が出てくる。

第十条　人の意見が自分と違っても、怒ってはいけない。顔に出してもいけない。

第十四条　嫉妬心を持ってはならない。嫉妬心から、優れている人達の足を引っ張り活躍の場から遠ざけようとしては、国を（より良く）治める事はできない。

第十五条　私心を捨てて、心を公に向ける。もし人に私心があれば、自分の仕事が評価されない時、必ず恨みの気持ちが起こって、不和が生じる。

これらの条項は、まず優しい思いやりの心があって、その思いやりが行動に現れるという条項です。

しかし人間は、いつでもニコニコ機嫌良くしていられるものではありません。誰しもイライラしている時は、人に対して親切に笑顔で対応したくない事もあります。

だからこそ、礼儀を忘れて乱暴に振舞ったり、怒り狂って怒鳴ったり、嫉妬で意地悪をしたり、他人の悪口を言ったり、ずるがしこい行動をする人がいるのです。

しかし自分の怒りを誰かにぶつけると、相手の心に怒りを呼び覚まし、自分に対する敵意を育ててしまいます。結局は自分の所に「敵意・怒り」が返ってくるだけです。

又は、相手が第三者に怒りをぶつけて、第三者が第四者に怒りをぶつけて……と、この世に敵意を持った怒りが満ちてゆく事になります。

すると何かちょっとしたきっかけで、殴り合いの喧嘩になったりします。

人間というモノは不思議なもので、仲良くしている人に頼まれ事をされた時には、内心では面倒だなと思っても、「いつも親切にしてもらっているし、今後の事もあるから」と考え「ニコッ」と笑ってOKします。

ところが日頃ギスギスした関係だと、同じ頼まれ事をされた時に、内心で「どの面下げて、私に頼んでくる訳……」と不快になって冷たく断ります。

争い事というモノは、ある日突然起こったように見えても、実はその前に些細な不満が積もり積もっていて「あいつが嫌いだ」という気持ちが下敷きになっている事が殆どです。つまり、意見対立が発生する前に、事前に友好的に話し合える社会を作っておく事が、話し合い解決を成功させる事に繋がるのです。

即ち、人々が信頼し合って安心して暮らせる社会（ちょっとした事は苦笑いで済ませられる社会）を作る方法の一つは、優しい気持ちで人に接して、礼儀正しく親切に振舞って、相手の敵意を育てないようにする事です。イライラしている時や不愉快な時でも、他人には笑顔を忘れず礼儀正しく親切に振舞う事なのです。

★「敵意を育てない」とは

架空の事例で、説明を試みます。

多くの人に、似たような経験があると思いますが、四十キロ制限の綺麗な道路で、気持ち良く二十キロオーバーで車を走らせていた時、突然、交通違反の取り締まりに遭遇して車を警察に止められると、運転者は、内心で「えっ、なんて運が悪いんだ。そもそも、こんないい道で四十キロ制限はおかしいよ」と不愉快になります。

この時警察官に、「何やってんだ、おまえ。二十キロもオーバーしやがって」と怒鳴られたら、運転者は、むっとして「何やってんだは、お前らの方だろ。こんないい道で、四十キロで走る奴がいるかよ」と、怒ります。中には怒鳴り返す人も出るでしょう。

けれど、丁寧な態度の警察官に「何か、御急ぎのご用でもおありですか？　かなりスピードが出ていましたけれど……」と声をかけられると、運転者は、警察官の丁寧な態度につられて「いや、御急ぎの用はおありじゃないんですが、ついうっかり」と瞬間的に思い直し気勢をそがれて「すいません、つい……」と声に出します。

そして内心「全く運が悪かった。よし！　この後、対向車が来たら、パッシングをしてネズミトリをしていると教えてやろう」と決心しながらも、表面上の行動としては素直に違反キップにサインします。

（注：警察官の公務の妨害を勧めているわけではありません）

つまり（お互いに優しい気持ちでなくても）優しい態度で人に接して、礼儀正しく、親切に振舞っていれば、相手の敵意を育てないようにする事ができます。

七　仲良く暮らす方法　その三　官吏の行動規範

「十七条の憲法」の推奨する「互いに嘘を言わず誠実な行動をし合うならば、社会全体の信頼感が増してゆく」という条項を抜粋します。

第三条　君命を受けた時には、必ず謹んで承りなさい。君は天であり臣は地である。君命に臣下が従い、上の行いに下が倣う事で、秩序は保たれる。この秩序が乱れる時、国家は自滅する。

第五条　官吏は清廉潔白を心がけて、訴訟は厳正に審査せよ。裕福な者の訴えは、石を水中に投げ込むように、すぐに受諾されるのに貧しい者の訴えは、水を石に投げつけるように、門前払いで聞かれる事もない。この為、貧しき者はどうすれば良いか解らずにいる。このような事は、官吏の道にそむく事である。

第六条　勧善懲悪は、古くからの良い仕来りである。人の善行は広く知らしめ、悪行を見たら必ず追求せよ。媚びへつらう者は、上司には部下の過失を言い付け、部下には上司の過失を誹謗して、互いの心に不信の念を生じさせようと試みて、協力体制を破壊する原因となるのである。このような人は、君に忠義を持たず、人民への仁愛も持たない。これは、国家の大きな乱れの元となる。

第七条

人には任務がある。

任務にあたる時は、職務に忠実で職権を乱用をしてはならない。事の大小に関わらず、適任者が得られれば、必ず良く治まる。時代の緩急に関わらず、賢者が出れば自然に豊かな世の中になる。

これによって、国家は長く平和に続き、危うくならない。

第八条

官僚は朝早く出仕して、夕方遅く退出せよ。

公事は尽きる事となく、終日励んでも終える事は難しい。この為、朝遅くの出仕では急の要件には支障が出る。早く退出すれば、仕事を残してしまう。

第九条

自分の発言に責任を持ち約束を守る「信」は、正しい行動「義」の基本である。

官民が互いに、相手を騙したりせず、誠実に協力すれば、どんな事でも成

してても、失敗する。何をし遂げられる。官民が互いに嘘を言うと、互いを信用できなくなり、何を

第十一条　官吏の功績・過失を吟味して、適正に賞罰を行え。
近頃、授賞は功績によらず、懲罰は罪によらない。役務にある官吏は、賞罰を明らかに、誰もが納得できるように公正に行いなさい。

第十二条　国司・国造は、個人で人民から税を取ってはならない。
公的な徴税業務に当たる時、私的に余分の税を取ってはならない。

第十三条　官職に就く者は、前任者同様に、職務に精通しなさい。
病気・出張で、職務から離れる時もある。しかし、離れていた間の職務で、代理の人に任せた職務にも責任を持ちなさい。自分が休みの間に人がした事として、責任逃れをして、公務を停滞させてはならない。

第十六条　人民の使役は時期を考えてするのが、昔の人の知恵である。
農閑期の冬に暇がある時に、使役すればいい。春から秋までは、農業や養蚕、生産の時期ゆえ、動員してはいけない。

これらの条項は、官吏の行動規範です。これを整理しますと、官吏は、

●君命に従う
●賄賂・職権乱用・怠惰・不公正・横領・無責任を禁止する
●庶民に礼儀正しく接して、庶民生活に配慮して思いやりを持つ

という事になります。

官吏が汚職をして裁判や行政に関して恣意的な決定をすれば、民衆は行政を信じられなくなります。二重課税をして横領すれば民衆は重税に苦しみ、怒りや恨みが増してゆきます。民衆が国家を信頼せず、怒りと恨み憎しみが増してゆけば民衆の心に思いやりに満ちた優しさは育つ暇もなくて、恨みが募れば一揆が起こり、一揆が武力鎮圧されればさらに恨みが募ります。恨みが恨みを増幅させて、憎しみ合う社会になってしまいます。

即ち、人々が信頼し合って安心して暮らせる社会を作る第二の手法は、官吏が清廉潔白で、民衆に対して思いやりを持って公正な行政をして、民衆が官吏を信頼して安心して暮らせるようにする事です。

そして公正で思いやりを持った官吏の行動が民衆に尊敬されてゆけば、民衆の中に真似

をする者が現れて、社会全体が誠実で信頼が裏切られる事のない社会となり、誰もが安心して暮らせるようになります。

八　「十七条の憲法」の統治理論

「十七条の憲法」を策定した聖徳太子は統治者でした。ですから「十七条の憲法」は、平穏な統治の為の理論です。他の文明では、統治者は自分を《基準》の代理人とする事で、民衆に「我に服従せよ」と要求しました。

しかし、聖徳太子は、平穏な統治を望んでも、民衆に「我に従え」とは要求しませんでした。人間の心と社会を観察して「心は自分でも制御できないので、他人が人の心を縛ろうとしても無理である」という前提に立って「できる事は何か」という思考方法をとったのだと思います。つまり、他の文明の統治者のように自由な心を縛るという不可能への挑戦はしないで、実現可能な方法を模索したのだと推測します。

すると、次のような思考のモデルが成立します。

《目標》は「平穏な統治」→「平穏な統治とは何か」→「反乱が発生しない統治である」

故に《目標とすべき現実》は「民衆が、反乱を起こさない状態を保つ」になります。

では、どうすれば民衆が反乱を起こさない状態を保つ事ができるのでしょうか？

反乱を起こすか起こさないかを「決定する」のは民衆です。統治者が民衆に「反乱を起こすな」と命じても、民衆が「（犠牲を覚悟して）反乱を起こそう」と決意すれば反乱は起こります。即ち、「民衆が、反乱を起こさない状態」は、「民衆が、反乱を望まない事」で実現します。

例えば、二〇一九年から二〇二〇年にかけて、香港の人達は、中国の習近平主席の意向に反して、デモを続けていました。「香港国家安全維持法」ができて、誰でも直ちに逮捕されるようになってデモは沈静化しましたが、人々が習主席に従おうと考えを変えてやめたのではなくて、逮捕されるからやめたのです。即ち、デモをするかしないかを最終的に決めるのは、習近平主席ではなくて、香港市民なのです。

ですから、統治者が反乱の防止を望むのであれば、民衆が、反乱を望まない統治を実行する以外に方法はありません。故に「十七条の憲法」は、このただ一つの方法を採用して、国民が反乱を望まない統治を目指して「官吏を戒めた」のです。

だから「十七条の憲法」の統治の目標は、次のようなモノになりました。

国家の『和』の創造（みんなで仲良く暮らす社会）は、統治者側が思いやりの統治をして、民衆から信頼を勝ち得た時に、民衆の協力を得て実現する。

そうです。日本社会はボトムアップ型と言われていますが、「十七条の憲法」がボトムアップによる平穏＝「民衆が、自分の意志で反乱を望まないようにしよう」という統治を目指したからこそ、日本社会はボトムアップ方式なのだと、私は思います。

これに対して、リーダーが「我に従えばうまくいく」と皆に信じさせて従わせる（又は、皆を導いてゆく）形式がリーダーシップ方式です。

いかなる組織でも、下位者の自由意思を尊重する、吸い上げる場合はボトムアップ方式になるはずです。この意味で、選挙によって民衆の意思を表明する民主主義の形式は、ボトムアップ方式であると言えます。

しかしそれでも政治のリーダーになると、リーダーシップがあるとかないとか評価されます。これはリーダーたるものは、すべて下位者にまかせて「よきにはからえ」と言っていれば良い訳ではないという事だと思います。即ち、ボトムアップ方式での優れたリーダーとは、自分の望む方向性を下位者に納得させた上で、下位者の自由な頑張りを引き出す人物なのだと思います。

つまり、すごく大変なのです。だから日本の首相は良く変わるのかもしれません。

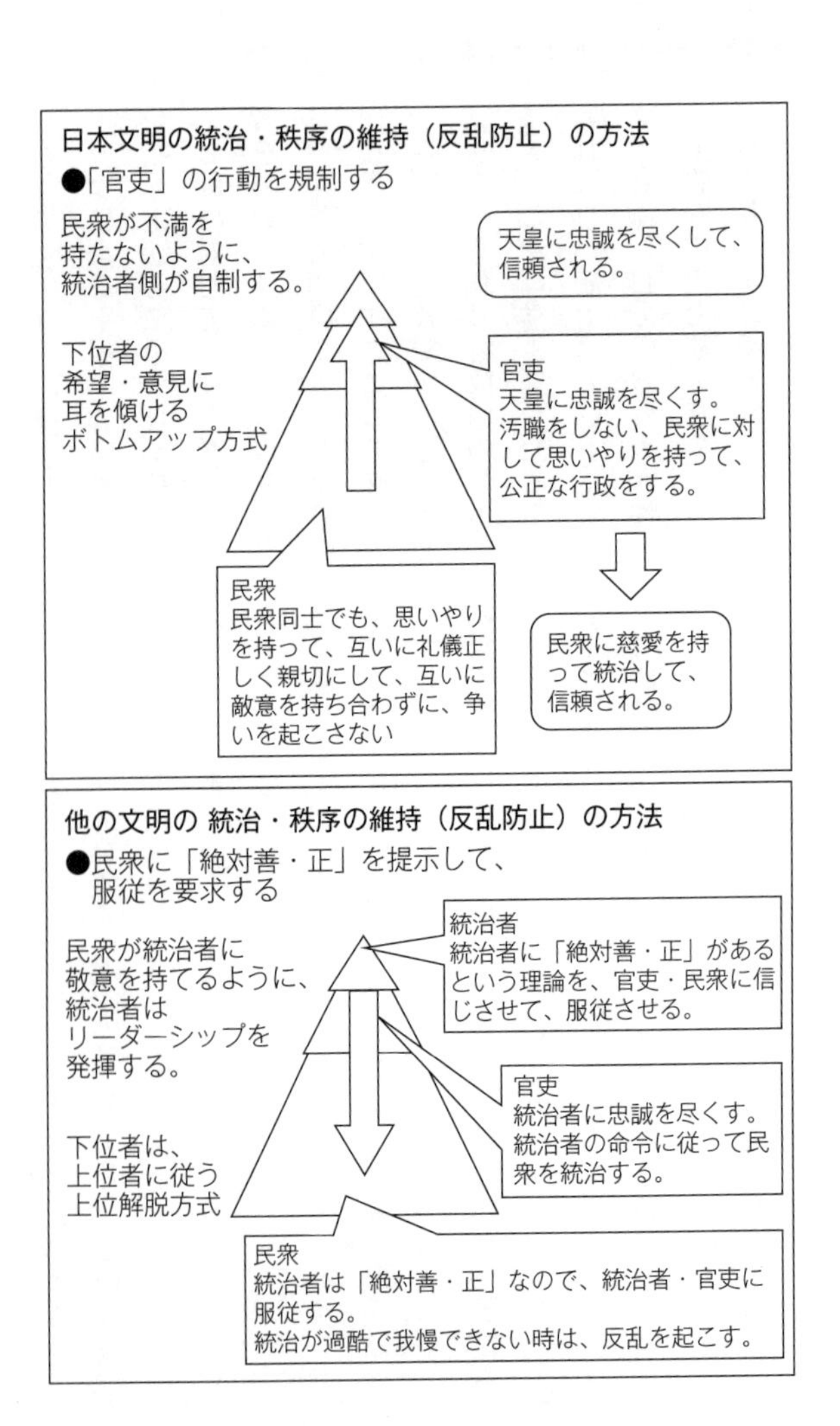
日本文明の統治・秩序の維持（反乱防止）の方法
●「官吏」の行動を規制する
民衆が不満を
持たないように、
統治者側が自制する。
天皇に忠誠を尽くして、
信頼される。
下位者の
希望・意見に
耳を傾ける
ボトムアップ方式
官吏
天皇に忠誠を尽くす。
汚職をしない、民衆に対
して思いやりを持って、
公正な行政をする。
民衆
民衆同士でも、思いやり
を持って、互いに礼儀正
しく親切にして、互いに
敵意を持ち合わずに、争
いを起こさない
民衆に慈愛を持
って統治して、
信頼される。
他の文明の 統治・秩序の維持（反乱防止）の方法
●民衆に「絶対善・正」を提示して、
服従を要求する
統治者
統治者に「絶対善・正」がある
という理論を、官吏・民衆に信
じさせて、服従させる。
民衆が統治者に
敬意を持てるように、
統治者は
リーダーシップを
発揮する。
官吏
統治者に忠誠を尽くす。
統治者の命令に従って民
衆を統治する。
下位者は、
上位者に従う
上位解脱方式
民衆
統治者は「絶対善・正」なので、統治者・官吏に
服従する。
統治が過酷で我慢できない時は、反乱を起こす。

九　ボトムアップの統治理論で社会が平穏に治まる条件

①「十七条の憲法」の精神が、一般民衆の心に染み込んでいる

統治者側が思いやりの統治をして民衆から信頼を勝ち得ていても、民衆同士が争い合っていては、社会の平穏は保てません。ですから皆で仲良く暮らす社会は、統治者の努力だけで実現できるモノではなく、国民の一人一人が自分の心に浮かぶ欲望を制御して、皆で仲良く暮らす為に協力した時に実現します。

例えば、国民が自分の欲望を全開にして、「隣の土地も自分のモノにしたい」「隣の奥さん美人だから、ちょいと……」と、お隣に争いを挑んでばかりいては、国民同士の争乱があちこちで起こる事になります。すると、統治者は武力の威嚇・又は武力行使で争乱を鎮めなくてはならなくなります。こうなると、やはり皆が安心して暮らせる社会ではなくなってしまうのです。

ですから皆で仲良く暮らす社会の実現には、民衆が自分の我欲を自己制御して、自分の意志で争いを起こさないようにする事も合わせて必要になります。

こうした理由で私は、官吏の職務規定である「十七条の憲法」が、民衆の間にも静かに広まっていった時の果てに、現実に日本が「十七条の憲法」の精神を具現化する社会に

なったのだと思います。

「十七条の憲法」が民衆の間に広まっていったのには、いくつか理由があります。

それは、文字が読めない人達でも理解できる具体的な文章と、人が覚えられる程度の分量である事、そして何よりも、官吏が守るべき職務規定を自分達が知っている事によって、官吏の不正を抑止する事ができるので、民衆も自分で「知りたい」「覚えたい」と思ったのだと思います。

そして、長い時間をかけて民衆の心に染み込んで「こういう世の中になったらいいな」と思う民衆の一人一人が自主的に実践する事で、いつのまにか「十七条の憲法」が推奨する社会が実際に日本に出現していたのだと思います。

そしてこの過程で、民衆は徐々に自分の我欲を自己制御して、自分の意志で争いを起こさないようになっていったのだと、私は推測します。つまり、日本で外国よりも「自己責任論」が強いのは、「十七条の憲法」の影響だと思います。

②平穏に生活する為に「十七条の憲法」理論から派生した日本の鉄則

その一＝「人に迷惑をかけない」

「十七条の憲法」理論が一般民衆の心に染み込んでいくと、民衆同士でも争いを抑止するようになるので社会が平穏に治まっていきます。

その民衆同士での争いを防止する手立てとして「人に迷惑をかけない」が日本社会の鉄則となりました。なぜなら互いに迷惑をかけずに自立して生活していれば、誰かに苦情や文句を言う必要がなくなりますので、民衆同士で争い合う事が減少するからです。

「人に迷惑をかけない」これは日本社会の鉄則の一つです。一般的にこの鉄則は、日本社会の寛容性の欠如を表しているように取られがちですが、本質は全く逆です。

「人に迷惑をかけない」は、「十七条の憲法」第十条から生まれた鉄則です。第十条では「人の意見が自分と違っても、怒ってはいけない。顔に出してもいけない」と言っています。しかし、現実の中で被害を受ける場合には、怒らずに平然としてばかりもいられません。

ですから、社会の中での実際の運用としては「何を言われても怒ってはいけないけれど、物理的な被害に関しては双方で話し合う」事になります。裏を返せば、相手に物理的に被害を与えなければ良いので、第十条を一言で表現すれば「人に迷惑をかけてはいけない」となります。即ち、人に迷惑をかけなければ、何をしても良い事になります。

そして誰かに多少嫌な気分をさせられても、実際に迷惑をかけられなければ、苦情は言わない。即ち、「人に迷惑をかけられなければ、批判しない。制止しない。無視する」等の行動をとる事が求められる事になります。

例えば、日本では男色行為は陰に隠れつつも、公然と行われてきました。江戸時代には、男色家は陰間茶屋に通いました。「陰間」という呼び名の男娼がいたのです。

また、現代でもメイドカフェやオタク文化など、少数派の志向する文化が次々に生まれています。道路のマンホールを愛好する人もいて、マンホールサミットも開かれています。マンホール好きが現れたので、流行に敏感な各市町村はマンホールに趣向を凝らすようになりました。その土地の特色ある図柄のマンホールを作って、彩色もします。マンホールのカードを集める人も出始めました。

需要があれば作って売れば儲かりますから、マンホール製造会社もカードの製造会社も、流行に敏感な各市町村やマンホール愛好家を喜ばせる為に一生懸命に働きます。こうして需要と供給が揃った為に、日本に新たなマンホール文化が誕生する勢いです。工事現場のカワイイタイプのバリケードも、同じ理由で普及しています。

もっとも、マンホール愛好家は絶対的少数派です。大多数の人達はマンホールに趣向を凝らして欲しいとは思っていません。それでも自分達が迷惑を受けているという実感がないので、多少税金が余分に使われていても文句は言わないのです。

こうして日本にまた新しい文化ができるかもしれません。長い間日陰モノの扱いを受けていたマンガやアニメが、今や日本を世界に売り込む手段になりましたので、マンホールだって、いつか日の目を見るかもしれません。最高のマンホールを見るツアーが、人気になるかもしれません。奇怪な日本の文化＝キワモノ好きの世界の人達も見に来てくれるかもしれません。先の事は、どうなるのか解りません。だから、多くの日本人は、「好きな人は、勝手にやればいい」という態度をとるのです。

時には少数派が自分で勝手にやる事によって、凄い結果を生む場合もあります。カップラーメンもこうして生まれました。ですから、日本には少数派の「やりたい」という熱意を許容する企業文化があります。リニアモーターカーも、もうやめればいいのにと期待もされずに数十年、地道に研究が続けられて商業化が図られるまでになりました。

カップラーメンもリニアモーターカーも、研究者が、自分の一念で、あきらめずに研究を続けたから、世に出る事になりました。ですから多数派も、もしかしたらいつかは成功するかもという期待感を、捨て去る事ができなくなります。だから会社の経営者も「どうしてもやりたければ、勝手にやりなさい」という結論を下す事もあるのです。

日本では多数派が勝手にすればという態度をとる上に、謹厳実直な保守派の人達は、自分が「はしたない・異常だ」と感じる行為をする他人を、批判しません。実際に迷惑を受けていないのに苦情を言えば「大人げない」と人格を疑われるからです。

しかしモノは考えようです。見過ごすしかなかったから、保守派の人達は、男色家等の少数派の人を粛清する余分な手間をかける必要がなかったのです。だから余分な恨みも受けずに、結果として、日本では余分な紛争の発生を抑止してこられたのです。

その上、当初は人々の嘲笑や軽蔑された事柄の中から、豊かな文化や発明が生まれました。これも、人に迷惑をかけなければ何をしても良い社会だから、生まれてすぐ雑草として引き抜かれる事なく生き延びて、花を咲かせる事ができたのでした。

近頃はハロウィンも盛んになりましたが、異国のお祭りだからと批判される事はありません。しかし、仮装して楽しんでいる最中にゴミを散乱させたり喧嘩騒ぎを起こすと、人の迷惑になるので批判されます。日本は、人に迷惑をかけてはいけない国ですから……。

③「十七条の憲法」理論で説明できる日本の鉄則
その二＝「空気を読む」

空気を読む。これは「十七条の憲法」が進化して、意見の違いを話し合いで解決する際に、その話し合いを紛糾させない為に、長い時間をかけて日本人が習得してきた「業（わざ）」とも言うべきものです。

日本人は、集団の中で自分の意見が認められるかを無意識の内に察知して（空気を読んで）、自分の意見を滲ませながら、集団と自分にとってより良い意見を発言するという、究極の紛争防止の「業」を編み出して体得しています。

なぜ空気を読む必要があるかと言えば、意見の対立や利害の対立がある時に、相手の意見や人格を批判する攻撃的な論法をしても、あまり効果は無いからです。それどころか、相手の敵愾心を煽ってしまうので、却って対立が激化してしまいます。

仮に敵対的論戦の果てに勝利したとしても、相手の意見を変える事はできません。勝利の結果として得られるのは、相手の意見が世間的に認められなくなり、相手がその意見を表面上は発言しなくなるので、**反対意見が自分の耳に入らなくなるという「状態」**です。

しかし、世間的に表明できなくても、相手の意見は変わりません。

この為に、敵対的論戦での勝利は表面だけの事で、相手により決まったはずの事が無視されてしまうと、現実での動きは何も変わらず、ただ相手の敵対感情を強くするだけの結果を導いてしまいます。

そして状況が変化すれば、再び相手の意見が表明されて、意見対立状態が表ざたになります。即ち、敵対的論戦では堂々巡りとなって、何も解決する事はできません。

海を隔てたお隣の国・米国では二十世紀初頭に、お酒の弊害に業を煮やした「お酒が嫌いで飲まない」人達が中心になって、禁酒法を成立させました。けれど法律で禁止されても、「お酒が好きで飲みたい」と思う人達の気持ち（嗜好）は、変えられませんでした。

その為に密輸が横行して、治安が悪化しました。一元論のキリスト教の価値観の国、米国で「お酒好きは、悪」という世論を盛り上げ、法律も作りました。

お酒が嫌いな人達は、本当に頑張りました。しかし、お酒が好きな人達もまた、世間的に悪のレッテルを貼られて、「お酒が好きだ」と公言できなくなっても、くじけずに頑張って、隠れてお酒を飲み続けました。

その結果、「禁酒法」は後に撤廃されたのです。

このように「自由な心」に文句を言っても、無駄骨を折るだけです。疲れるだけなので、やめておいた方が身の為です。自分の意見を通す為に、相手の意見を抹殺しようとしても、人の心は自由なので、目的が達成される事はありません。得られるものは、相手の敵意だけです。

ですから自分の意見を聞いて欲しいと願うならば、まず反対者の意見を聞かなければなりません。なぜならば、意見が対立する当事者双方が、相手の意見を尊重し合えば、意見対立を乗り越える事ができるからです。

だから日本人は意見が違っていても、互いに笑顔で共に生きる為に、常に相手方の視点に立って、ものを考え続けてきたのです。その結果、日本人の普通の思考方法は「二点」以上の視点で物事を思考する（相手の視点で考える）多元思考・空気を読む思考になっています。

そして現在では、殆どの日本人が、意識する事なく自然に空気を読んでいます。

しかし「空気を読む」は、世界的には一般的ではありません。

十　現代の日本社会に正典として生き続ける「十七条の憲法」の精神

①外国人から見る「不思議な国日本」も「十七条の憲法」理論で説明できる

「十七条の憲法」が日本文明の正典である何よりの証拠は、外国人には不思議に見える様々な日本人の行動が「十七条の憲法」の教えから発しているからです。

かつて十四年間日本に暮らした英誌記者コリン・ジョイス氏が綴った『「ニッポン社会」入門』（谷岡健彦訳・NHK出版）の中に、次のような一節（抜粋）があります。

尚、太字以外の《　》内は、「十七条の憲法」理論のどこに当たるのかを私の視点で表しました。また、右線、（　）内も同様です。

プールに日本社会を見た。

もし日本の社会を知りたいなら、プールに行けばいい。……ぼくは東京でひと泳ぎするたびに、なんとプールはこの国全体の縮図となっているのだろうと思ってしまう。

《たしかに、プールを皆で気持ち良く使用するのは、衝突を防止して、信頼し合える社会をつくっておく実践ですので、日本社会の縮図です》

《最初に、相手の敵意を育てない手法です》

（プールは混み合っているが）日本人はうまく自主規制をして、大体自分に合ったレーンで泳いでいるのが普通だ。日本のプールを上から見れば、たくさんの人が整然と列になって、互いに最大限の距離をとりながら泳いでいるのが目に入る。

もちろんときには泳いでいる人同士、ぶつかってしまうこともある。しかし、そのようなときでも、日本人はおたがいに頭を下げ合って解決する。実に平和な光景だ。

ひょっとしたら、ここまで言うと言いすぎになってしまうかもしれないが、日本人はプールの中でも、彼らが社会で要求されている役割を演じているように見える。子供たちは、プールの外でと同様、活発に遊びまわっている。お年寄りたちは驚くほど元気で、世間話をしながらウォーキングをしている。そして、社会人はひたすら泳ぐ。

……

《ここからは、決めたことは、みんなで守るという手法です》

こうしたことはみなイギリスとは大違いだ。……もちろん、イギリスのプールにも規則はある。ただ誰もそれを守ろうとしないし、守らせようともしないだけだ。

一方、日本はたくさんある規則にみんながしたがうことで、うまくやっている国である。ともかく、規則のおかげで日本のプールはうまく機能しているというわけだ。しかし初めてやってきた外国人には、こうした規則はちょっと面倒すぎるように感じられることもある。ローマから来た男の子は、日本人の母親といっしょに行った東京のプールのことを「ウルサイ・プール」と呼んでいた。

ぼく自身、一度、日本のプールの管理者と揉めごとを起こしたことがある。規定の休憩時間が終わるのをイライラしながら待っていたぼくは、ホイッスルが吹かれる数秒前、監視員がまだアナウンスをしている最中にプールに入って、泳ぎ始めてしまったのだ。

プールから上がると、ぼくはひどく叱られた。休憩終了前にプールに入ったこと（ああ、わかってるよ）、潜水をしたこと（でも、ほんの数メートルだぜ。それぐらい、問題ないだろ？）、帽子を着けていなかったこと（きっと休憩中に脱いでしまったんだ）、そして一方通行のレーンを逆向きに泳いだこと（はぁ？）。ひと泳ぎで四つの規則違反！　しかもイギリスでは誰も目くじらを立てたりしないような違反ばかりだ。

《ここからは、互いの自由意思を尊重するという手法です》

プールでは日本人の信じられないような我慢強さを目にすることもある。例えば、とても泳ぎの遅い人が中級者向けのレーンで泳いでいるような時だ。そんな場合、そのレーンで泳いでいる人たちはみな平泳ぎになって、辛抱強く列を作り、問題となっている人が出て行ってくれるのをただひたすら待っていたりする。そのうち、別のレーンに移る人もちらほらと出始める。つまりひとりの人に丁寧な口調で「初心者向けのレーンで泳いではいかがですか」とお願いするよりも、あえて不便な思いをするのもやむをえないと考える人が六、七人いるわけだ。……

多くの人にとって明らかに迷惑であるにもかかわらず、このように個人を大切にする事は美徳と言ってよいだろう。そして、この我慢強さこそが人口が多すぎる日本列島で曲がりなりにも暮らしてゆける場所にしているにちがいない。

《ここからは、「和」の集団に埋没してしまう、日本人の習性です》

しかし日本人は、大きな集団に対して法外な敬意を払っているということも指摘しなければならない。居酒屋で二十人くらいのグループが、隣りのテーブルで会話をし

ているカップルに少しの配慮もなく、大声を出して騒ぎたてたりするのはその好例だ。
……大きな集団の悪事に対して寛容すぎるのは、日本人の弱点と言わざるをえない。
まるで、大きな集団は自分の好きなように規則を決めてよいみたいではないか。

このように、現在の日本人は、「十七条の憲法」理論を意識しないままに実践して、一つのプールを皆で気持ち良く使っています。

プールだけでなく、社会の隅々で同じようにされています。

この日本人の振舞いは、コリン・ジョイス記者には、次のように見えたようです。

日本人はプールの中でも、彼らが社会で要求されている役割を演じているように見える。

これは、ある意味でYESです。

日本は、ボトムアップの社会ですから、民衆同士の争いも民衆が「自分の意志で争いを起こさない」ようにしています。多少気分を害する事があっても、「自分の自由意思＝不満」

を自己制御しているのです。

いずれにせよ、外国人には奇妙に見える日本人の行動の源は「十七条の憲法」です。

②国歌「君が代」は、和の精神による理想の社会の形を謳っている

外国の国歌は、外国の理想・美しき姿を謳っている

日本の国家の理想の形は、国歌「君が代」に謳われています。

国歌「君が代は　千代に八千代に　さざれ石の　巌となりて　苔のむすまで」

（現代語訳）日本の国が、小さな石（さざれ石）が集まり大きな巌となって、いつしか自然のままに苔が生えて緑に覆われていくように、平穏に続いてゆくようにと願います。

この原歌は、『古今和歌集』（西暦九一二年頃成立）に、撰出されています。

それが九百五十年の時を超えて、明治になってから国歌の歌詞として選ばれたのは、この歌の中に日本の「理想の国家像」が謳われているからだと思います。

「さざれ石の　巌となりて」これが理想国家の形です。

即ち、大きさも形も違うさざれ石が集まってできた巌は、身長も体重も意見も違う人々が違いを乗り越えて、心寄り添い力を合わせる、団結の精神の象徴だからです。

「さざれ石」こそが、違いを乗り越え人間が協調団結する、日本の理想の形なのです。

そして「千代に八千代に」と「苔のむすまで」が「願い」であり「誓い」です。

即ち、国歌「君が代」は、「さざれ石」が集まった巌が、長い年月の内に苔むしていく

「多元相対論」の理想の形 →「さざれ石の巌」 ○意見の違う人達が、協調する。	「一元論」の理想の形 →「粒ぞろいの岩」 ○同じ「善」を信じる人達が集まる。 ○信じない人を、排除する。
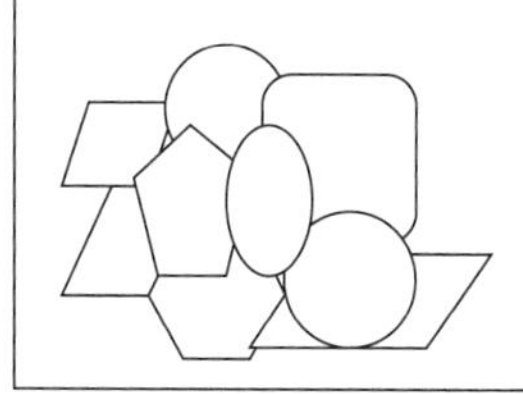	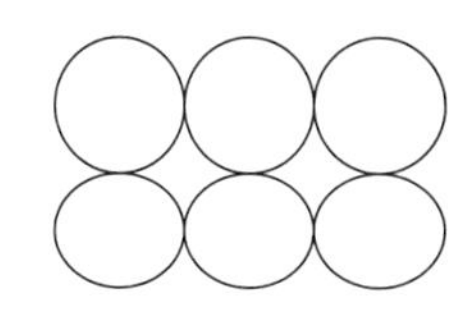

ように、千代に八千代に平和に続いてゆく国家にしようという誓いです。

これに対して一元論の文明では、一つの《絶対善》を信じる人間同士が、自分達の《絶対善》を守って幸福に生きる為に一致団結します。外国の国歌には「戦え――」とか「進め――」とか戦闘的な歌詞が多いのは、自分達の《絶対善》を守護する為に命を懸ける姿が、彼らにとっては究極の美しき姿だからです。即ち、一元論の世界では、大きさも粒も不ぞろいのさざれ石ではなく、姿形も粒も揃った綺麗な岩が理想の形になります。

私は日本人なので「君が代」は、「戦え――」とか「進め――」とかいう、よくある外国の国歌よりずっと平和的で良いと思っていました。

けれど、この「君が代」に異議を唱える人達がいます。それが平和団体の人達なので、私には長い間意味が解りませんでした。

平和論者が、なぜ平和な国歌に反対するのか。彼らは、君＝天皇制の廃止論者なのか、和の精神による協調に反対しているのか、「なぜ反対しているのか」私には皆目見当がつきませんでした。なぜなら彼らが理由を言わずに、ただ反対しているからです。

それが近頃、やっと解りました。彼らは、一元論の視点から反対していたのです。即ち、その歌詞の内容の如何に関わらず、善なる自分達が「正しくないと決めたから、正しくない」へ、問答無用の反対で、理由などなかったのです。

ただ、国歌を変えても、過去の事実も、現在の事象も何も変わりません。

また、この歌詞が千年以上も前の歌だという事は、その間、日本に住む人々が「良い歌だ」と思い続けてきたという事です。この事実は、ある意味で現在に生きる私達の好き嫌いよりも重要であると、私は感じています。

しかも自国の国歌・国旗を堂々と罵倒できるのは、言論の自由が保障されている証明です。それが「**意見の違う人が、協調できなくても共生している**」現代日本なのです（お隣の中国だったら、多分逮捕、投獄されてしまいますから……）。

即ち、日本は多元相対論の国なので、昔も今も、いろんな意見の人が住んでいます。

③和の精神を謳う「君が代」は、日本人の理想だから国歌は変わらない

「君が代」は日本の理想の形を謳っていますが、国歌に「君が代」の歌詞を選んだのは、薩摩藩の普通の武士達でした。

明治の初め国歌が必要になった時、国家中枢まで上げて議論している時間がなかったので、その現場にいた薩摩藩の武士達が、その場にいた英国人の音楽家に曲をつけてもらって、即席の国歌を作って急場をしのぎました。その時みんなで選んだのが、薩摩藩の教育に取り入れられていた、和歌「君が代」だったのです。

その後、正式な国歌を作る時に、曲は新たに作曲されましたが、歌詞はそのまま採用されました。この理由は、薩摩藩の普通の武士達が理想とした国家像が、政府首脳にとっても理想とする国家像であったからだと思います。

つまり「仲良く協力する事が理想だ」＝「和を以て貴しとなす」が、下級武士にも政府首脳にも共有されていた。そして第二次大戦を経てそれが反対の声が上がっても、多数派の人達は動かないから、今尚「君が代」は日本の国歌なのです。

即ち、和の精神こそが日本の理想であり、「十七条の憲法」が日本文明の正典なのです。

第二部　日本人の思考（心象風景）と生き方の選択

第一章　日本人の思考（考え方・心象風景）総論

聖徳太子の「十七条の憲法」の統治理論を、私は「**人々の自由な心を縛る事はできないので、統治者に従えと命令しても無駄である。だから平穏に統治したいと願うのなら、一般大衆が反乱を起こそうと思わない統治をしなければならない**」と読み解きました。

この私の読み解きを正しいと思うか間違っていると思うかは、意見の分かれる所でありましょうが、事実として日本には一般大衆による革命はありませんでした。

現在、日本には百二十六代天皇陛下がおいでです。これはそれなりの実力を持っていた日本人が、天皇家を倒そうとしなかったからです。また、民衆が革命を起こさなかったからです。「統治者に従え」と命令されなかったのに、民衆は天皇家を倒さなかった。それはなぜなのか？

その疑問を解明する為に、日本人の一人一人の心の持ちようについて考えてみようと思います。つまり、**第一部の、「十七条の憲法」の理論が日本社会の基盤となっているという主張はマクロの日本論でしたが、ここでミクロの日本人論について考えてみます。**

①日本の思想と欧米の「宗教」と「哲学」の相違

第一部でも文明の違いを述べましたが、どこでどう分かれたのかについて、思想の面から追ってみたいと思います。

まず初めに、古代では世界中が多神教の信仰でした。それぞれの民族、それぞれの地域で、地域の人々が自分達の神話の神様に祈っていました。それが時代の流れと共に多民族が入り乱れるようになると、自然に諍いが起こって戦争になります。

第一部でご紹介したホッブズのいう「万人の万人に対する闘い」の世の中が、世界の随所で実際にありました。おそらく、そんな中で「とにかく平和に暮らしたい」という人々の願いが結集して、それぞれの地域で「《リヴァイアサン・基準》に全員で従おう」になったのではないかと、私は推測します。

とすると《基準》には、域内の全員を従わせる決まりが必要です。これが宗教における戒律ではないかと思います。だからこそ、戒律は生活のあらゆる面に及ぶのです。

もし宗教が「汝の敵を愛せ」という精神修養だけだったら、人間の行動を縛る必要はありません。ところがキリスト教では日曜日には教会に行く事になっています。

これはなぜか。それは、毎日曜日に人々を集めて「神（教会）に従いなさい。そうすれば天国に行けますよ」と人々の頭に叩き込む為ではないでしょうか。

現在では、キリスト教の信者でも日曜日に教会のミサに行く人は減っています。行っても行かなくても個人の自由になると、行かない人が増えるという事は、昔も全員が行きたくて行っていた訳ではないと推測できます。しかし、昔は行きたくない人も行っていた。これはなぜか？　おそらくは「ミサに参加しないと周りの目が厳しくなる。良きキリスト信者と評判を得て安寧に暮らしたい」という意識が人々を教会に通わせていたのだと思います（もちろん自分の意思で行っていた人もいます）。

そんな戒律を守り続ける行動を続けてゆく事が、神に従う精神を育ててゆくのではないでしょうか。国家イデオロギー装置による、教育です。

例えば、毎日三回食事の前に「食事を与えてくれたのは神様です。ありがとうございます」と物心がつく時からずっと祈りを捧げていれば「本当に食事は神が与えてくれるのだ」と、体に染み込んで全身で信じられるようになるのではないかと思います。

言葉は悪いですが、身も心も洗脳状態になるのだと思います。その為に理性で考えれば疑問が生じる事でも、体に染み込んで信じられるのではないでしょうか。

例えば、キリスト教のカトリックの世界では、「唯一絶対神と主イエス・キリストと精霊が一体である」という、三位一体説を正しい認識としています。正直申しまして、私には「そういう《お話》になっているのだな」としか受け取れない説です。

しかし、本当に信じている人もいるのです。

唯一絶対神は、絶対服従を要求し、洪水を起こして従わない者を抹殺してしまう神様です。信者にも、信じない者は「抹殺せよ」と説いています。これに対してキリストは、不貞を働いた女性が石打ちの刑にされそうになった時に「罪なき者、まづ石を擲（なげう）て」（ヨハネによる福音書より）とおっしゃいました。すると、群衆は石を手に取れなくなったそうです。つまり、三位一体説では「許すな、抹殺せよ」という神様と、「愛して、許せ」というキリストが一体であると主張しているのです。

解りやすく言えば、「ジキル氏とハイド氏は、同一人物です」という説なのです。

それなのに「なぜ信じられるのか?」その心境はさっぱり解りませんが、カトリックの世界では、疑問に思ってはいけないアンタッチャブルなのだと思います。

このように各文明圏では、《基準》に疑問を持つ事は許されません。

しかし現実の中で命を繋いでゆく実社会の掟では、神様に祈ってさえいれば毎日ご飯が食べられる訳ではありません。普通の人達は、働いて生活の糧を得なくては餓死してしまいますので、生きる為に働きます。

この仕事の場では、聖書の論理だけでは説明できない事も出てきます。すると多くの人はより良い生活をする為に、自由に色々な事を考えます。

西欧では、こうして色々考える人達が、「聖書」と違う事を言い出しました。

それで聖書に書いていない人間論を「哲学」という分類に分けたのだと思います。

と言うか、一神教の世界になる前のギリシアローマ哲学の分類に入れたのです。こうして西欧では、人間の思想を「神学・宗教」と「哲学」とに分ける事にしました。

けれど日本では《基準》ができませんでしたから、日本の思想家達は、人間の心の問題を「宗教＝神学」と「哲学＝人間論」という分類に分ける必要性を感じませんでした。そして自由に自分の意見を論じてきました。

ですから、日本人の思想・信仰・生き方を、西欧の宗教や哲学で理解しようとしても、それは無理です。無理だから、日本は不思議の国であり続けています。

日本にはphilosophyの概念自体がなかったので、明治になってからまず西周が「哲学」という日本語を作って、思考体系の分類を始めたのです。この努力は認めますが、「本来一つのモノを分類した。だから解らなくなったのだ」と、私は思います。

日本哲学

日本哲学

「哲学」という言葉は、philosophy に対する日本語がなかったので、明治期に**西周**(P104)が作った訳語です。それまで日本人は、西洋人のように、**哲学（論理）**と**宗教**をはっきりと分けて考えてはいませんでした。日本の思想は、習慣、修行、儒学、仏道などの融合体だったからです。

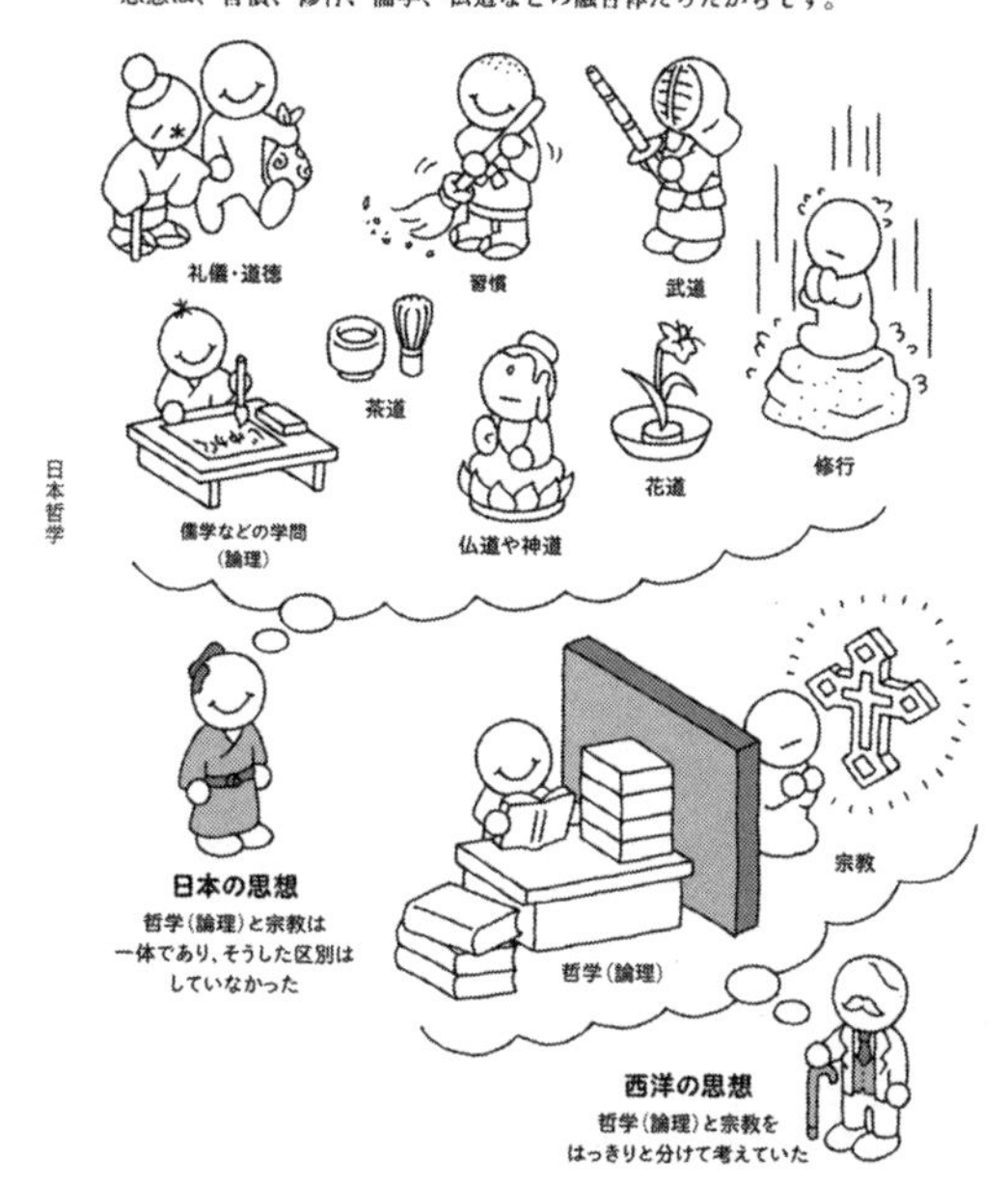

日本哲学

「哲学」という言葉がなかった以上、「哲学」という概念は日本には存在しませんでした。同じく「宗教」という言葉も概念も明治以前にはありませんでした。

「続・哲学用語図鑑」（田中正人著・プレジデント社）P108より引用

日本哲学

たとえば、**親鸞**や**道元**などの思想は、「哲学」や「宗教」といった概念で成り立ってはいないので、彼らを**哲学者**とはあまりいいません。もともと西洋の概念であった「哲学」という言語を日本の思想にあえてあてはめる必要はないわけです。ただし、日本の大学機関では、仏教思想を「インド哲学」と呼ぶこともあります。

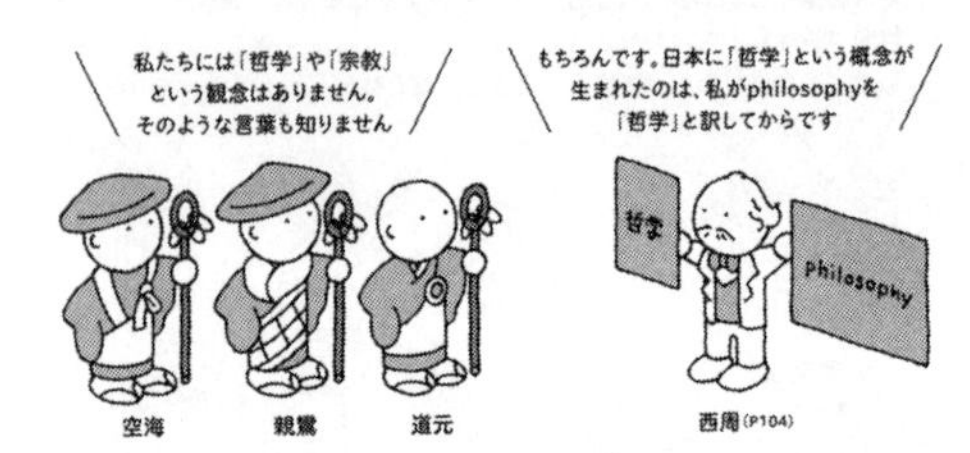

また、「東洋」という呼び方も注意が必要です。「東洋」は「西洋」の勢力拡大とともに、普及した概念だからです。日本でも明治期に入って「東洋」や「東洋学」という概念が西洋から入ってきました。

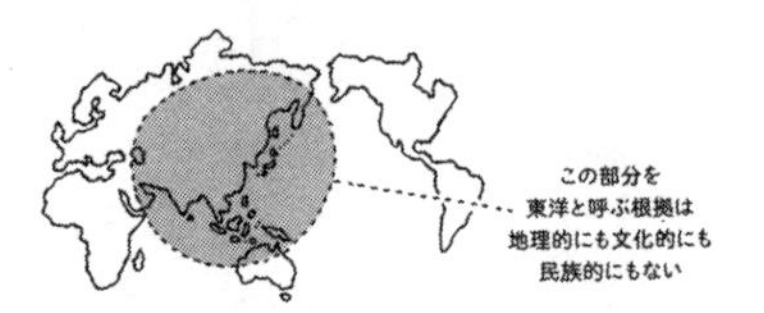

本書は、日本に「哲学」という概念が生まれた後の哲学者を紹介します。この意味では、**西田幾多郎**(P104)が最初の哲学者です。その後、**西田**を引き継いだ哲学者たちは**京都学派**と呼ばれています。

京都学派の哲学者たち (鈴木大拙は宗教学者ですが、「哲学」に呼応した「宗教」という概念が日本に生まれた後の人物なので、本書で紹介します)

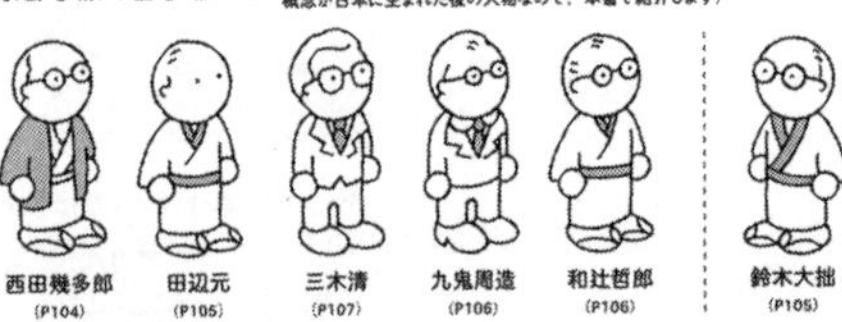

「続・哲学用語図鑑」(田中正人著・プレジデント社) P109より引用

②世界の人達が日本人を誤解する源は、まず第一に「日本人の信仰（祈り）は宗教ではないのに宗教に当てはめている」事にある

世界的に日本の宗教は解りづらいという評判でありますが、これがなぜかといえば、そもそも、日本には宗教がなかったからです。

「宗教」とは何か？　それはユダヤ教に始まる一神教の概念で、「唯一絶対神を信じてその教えに従う。従えば神様が守ってくださる」という神様と人間の契約によって成り立っています。だから《神様の愛による守護》と《戒律を守る》がセットになります。

しかし日本人は奈良時代にキリスト教のネストリウス派を知った時も、戦国時代にカトリックが布教を始めた時も、この一神教の概念を受け入れませんでした。この為に、日本人の《神様の愛と守護を求める＝精神・思考》と《戒律を守る＝発言と行動》とが、一つの宗教理論によって説明できないのです。

即ち、日本人の思考と発言と行動は、バラバラなのです。

キリスト教徒は、キリストの隣人愛を至高の精神として、「人権を守る」と発言します。そして、キリスト教の教会でお祈りをして、洗礼を受けて、結婚して、葬儀をあげるという行動をします。つまりキリスト教徒の発言と行動は、新約聖書に合致しています。だか

ら、他人の心は読めませんが、キリスト教徒は新約聖書に推奨された思考をしているのだろうと誰もが推測して、キリスト教徒の思考と発言と行動に矛盾を感じないのです。こうしてみんなが「自分は、キリスト教徒を理解している」と安心するのです。

イスラム教徒もまた、クルアーンで良いとされる発言をして、モスクでお祈りをして、イスラム式で結婚して葬儀をしますので、発言と行動とが合致します。だから、みんなが「自分は、イスラム教徒を理解している」と安心します。

しかし、日本人は違います。日本国憲法の三大原理は「国民主権・基本的人権の尊重・平和主義」ですので、決まりを守る日本人はこの三大原理に即した法律を整備して、社会生活を送っています。政治家もそんなような発言をします。しかし靖国神社に参拝する人もいます。子供が生まれれば、神社でお宮参りをして、キリスト教式で結婚式をあげて、葬儀の時にはお坊さんを呼びます。

このような日本人の行動は、キリスト教徒とイスラム教徒の常識に合致していません。この為に外国人の目には、日本人は「何を考えているか解らない不審人物」に見えてしまいます。そして自分は、「日本人を理解できない」と不安になるのです。

周囲から不審人物と危険視されても良い事はありませんから、日本人の信仰を普通の宗教理論によって説明した方が良いと思いますが、それは不可能です。

なぜなら、日本人の信仰に理論はないからです。日本人は祈りたいから祈る。祈りたくない時は祈らない。興味をひかれた宗教儀式はやってみる。それが気に入ればまたやるし、もういいやと思えばもうやらない。日本人のこうした信仰行動には、いかなる理論もありません。ただ自分で祈りたいから、やりたいからやっているだけです。

このような日本人の信仰行動は、一神教の人達から見ると《変》なのですが、当の日本人は《変だ》と思っていません。日本では好き勝手に神様に祈るのが当たり前なので、外国では当たり前でないとは思いもよらないからです。

しかし、別段日本人が人類として異種である訳ではありません。

古代のオリエントの人達も、古代ローマ人も、春秋戦国時代の中国人も、心の赴くままに自分が選んだ神様に祈っていました。だから、古代では日本人も普通だったのです。

ところが、古代ローマ人も春秋戦国時代の中国人も、歴史の中で消えてしまいました。

この意味では日本文明は、現状では「ガラパゴスの文明」になっているのかもしれませんが、私は「日本人の思考方法は、つまりは自然体なのだ」と思います。

第二章　日本人の思考方法

一　「十七条の憲法」を創りあげた思考方法

日本人の思考方式は「十七条の憲法」の成立過程にあります。「十七条の憲法」は、日本の神話・仏教の経典・中国の儒教・道教等多数の思想を取り入れています。

本来は別物である四つの思想は、一つのものにはなりません。例えば、人間を君子と小人の二つに分類する儒教の世界観は、「人も花も動物も、自然に生まれた平等な命である」とする日本の神道の世界観とは相容れません。また、仏教の世界観である輪廻転生も、神道とは全く違います。この四つの思想体系は、それぞれが全くの別物です。

しかし聖徳太子は「この四つの内でどれが正しいか？」とは考えずに、**気に入った所だけ寄せ集めて組み替える事で、**自分の理想を実現させる「十七条の憲法」を作りました。

聖徳太子は「それぞれに良い所がある。しかし、一つで完全なものはない」とお考えになられたのだろうと推測します。そして、ガラガラポンで「いいな」と思う所だけ取り出して「十七条の憲法」に取り入れられたのです。

日本人の思考「十七条の憲法」誕生の図

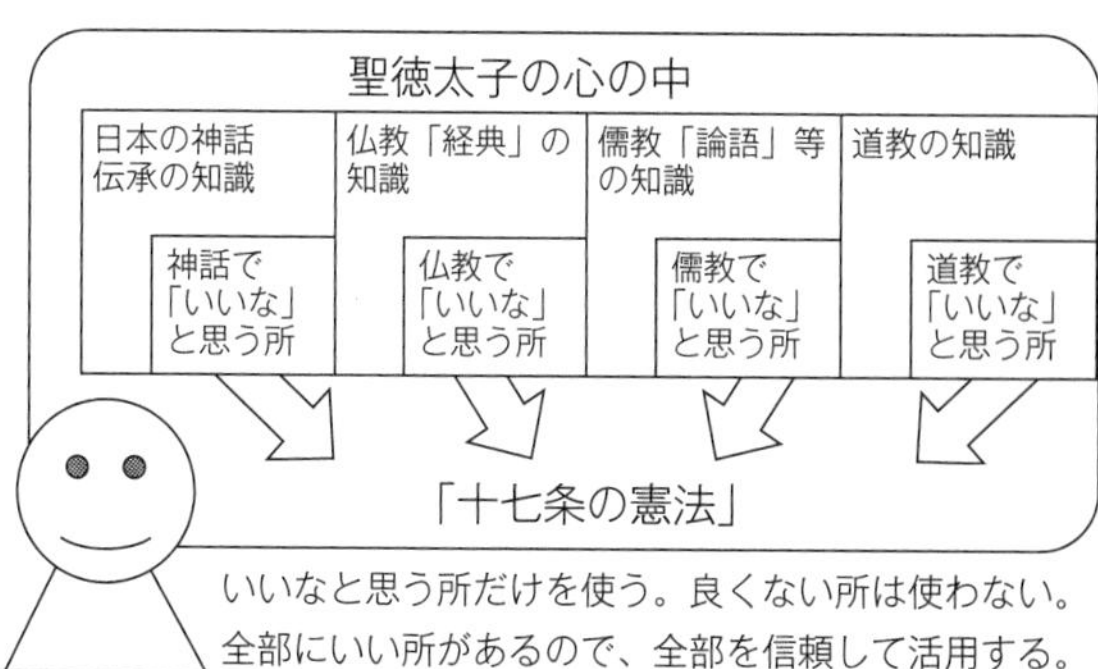

なぜそんな事ができるのかといえば、日本人は、日本の先人にも、孔子にも、老子にも、釈迦にも偉大な人物であると最大限の敬意を払っていても、その人物が絶対者とは考えません。「その人物に従わなければならない」とは考えません。だから彼らの思想に従うのではなく、自由に活用できるのです。

日本人は、「どうしようかな」と考える時に、《基準》に従わなくてはとは思わないので、タブーを設けずあれこれ考えます。そして規範を作る時には、手に入る限りの参考文献を集めます。タブーがないので何でも参考にするのです。

★外国人の思考方法

多くの外国人は、どっちがいいかなと選んだ後で「正しいから選んだ」と考えて、選んだ方だけが全部正しいとして実社会で使い、選ばなかった方は捨てる。聖書を選んだらクルアーンは用いない。クルアーンを選んだら聖書は用いないのです。

二　日本の「信仰」は、完全に自由である

聖徳太子は仏教を推奨しましたが、日本の神々を否定しませんでした。天皇家が日本の主神・天照大神の子孫と称されるので、否定できなかったのかもしれません。

以後日本では、天皇家が自分の先祖神と仏様を両方大事にしてきたので、国民も同じようにしてきました。神も仏も、自分の心の命ずるままに自由に信仰してきました。

日本は元々多神教の国家で、そこに外国から《仏様》という精神の神様がやってきました。現代では《キリスト様》も来ています。神様が沢山いるのです。

神様が沢山いるので、日本人はその時その場で、どの神様に祈りどの神様の教えを守るかを自分で決めて、信仰生活を送っています。

例えば、徳川家康は、「仏教」の浄土宗と天台宗を重んじていましたが、特別に推奨する事はせずに、他宗派の寺院の再建を援助したり修繕したりしました。そして、武士達へ儒学の啓蒙を図り儒学者を援助して、死後・神道の神様「東照大権現」になりました。

このように家康は、沢山の神仏に祈りましたが、実生活ではどの宗教の戒律にも縛られませんでした。家康は、武士としての倫理道徳のもとに生活していたのです。

元々日本の多神教信仰には、「戒律を守る」という意識はありません。

なぜなら、「戒律を守るから、救われる」という宗教意識は、ユダヤ教に始まる神と人間との間の契約の概念から発生した宗教意識だからです。

一方古代の信仰がそのまま残る日本の信仰は、祈りだけです。つまり神頼みだけです。ここに宗教である仏教が入ってきましたが、仏教は「戒律を守れば救われますよ」という宗教で、契約の概念を持っていませんでした。仏様も沢山いました。この為に、日本では《祈り・精神》と《仏教の戒律・行動》がそれぞれ別個に存在して、人々の自由意思によって選択されるようになったのです。

それがどういう事かと言えば、「今日は、Aという神様に祈って、その神様の教えは守らず、Bという神様の教えを守る。別の日には、Cという神様に祈って、ふと思いついて、Aという神様の教えを守ってみる」というような感じです。

その中で一番多いのは、**祈るだけ祈って、戒律には興味が無い**人達です。神頼みだけして教えは無視では高潔な態度とは言えませんが「神頼みはしたいが、戒律は守りたくない」という思いは、自然に湧き上がってきて、本人にもどうする事もできないのです。

ですから、神社の宮司もお寺の住職も、自分の氏子や檀家が、他所の神様にお参りしても批判しません。自分の説く教えを守らなくても、怒りません。人々の心に自然に湧き上がる祈りは、その人自身にも制御不能で、他人である宮司や住職に怒られても到底変える事ができない、どうする事もできない自然な感情だからです。

ここで疑問になるのは、宮司や住職という宗教者の声に従わずに、日本人かいかにして信仰する意識を作り出しているかですが、日本人は聖徳太子が「日本の神話・仏教・儒教・道教」の中から「いいとこ取り」で十七条の憲法を作り出したように、**自分の心の命じるままに（宗教者の意見も参考にして）自分の信仰を、自由自在に作り出しています。即ち、日本には、一億二千六百万人の国民が持つ、一億二千六百万通りの宗教意識があります。**

そしてこの「いいとこ取り」の方法は、宗教だけでなく、日本人が仕事や人間関係で迷った時「どうしようかな」と考える思考方法の基本です。

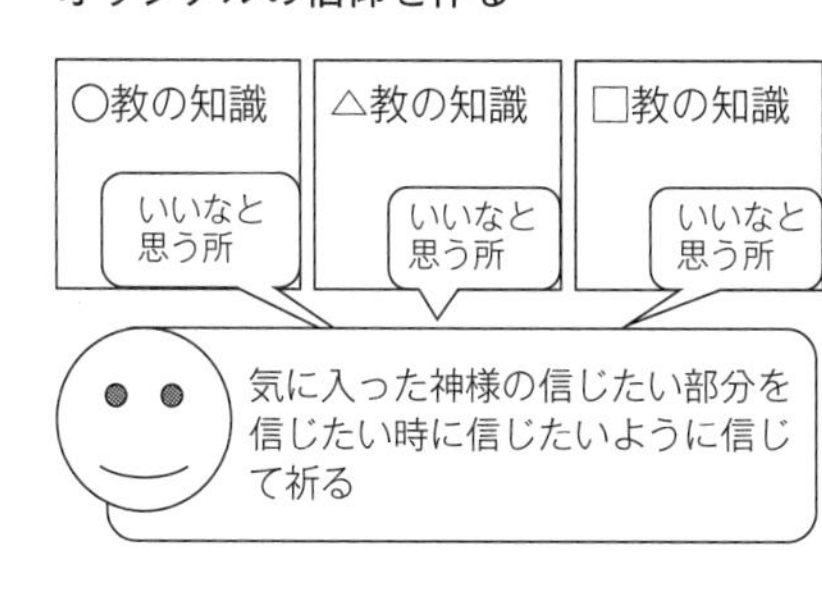

三　現代日本人の多数派の信仰

①日本的多神教信仰

一人の人間が神社の氏子でお寺の檀家である為に、普通の日本人の信仰の形は外国人からは変に見られているのですが、当の日本人は気にしていません。生きるという国際的な錦の御旗に保護されて、外国人から批判されないので、気が付かないからです。

この鈍感さは、自分がどう見られているかに敏感な日本人らしくないとも言えますが、**殆どの日本人は、自分が神道信者か、仏教信者か、無宗教かを、決定しなければならないとすら思っていない。**それほど信仰に対して無頓着なので、自分の信仰に対しては周囲の空気を読まねばならないとは思わないのです。

日本人の信仰生活の中で一神教信者には到底理解できない事は、自分は無宗教だと自認していながら、お寺の檀家や神社の氏子になっている人がいる事です。

これが、どういう精神構造なのか、架空の事例で説明します。

日本人で「自分は無宗教だ」と自認している人は、外国人に、「あなたは神社の氏子ですか?」と聞かれれば、「はい」と答え、「神道信者ですか?」と聞かれれば、「いいえ」と答え、「お寺の檀家ですか?」と聞かれれば、「はい」と答え、「仏教信者ですか?」と聞かれれば、「いいえ」と答えるでしょう。

日本人が聞けば、この人は普通の日本人だと感じます。

しかし、一神教信者の人達には、理解不能な人になります。キリスト教徒が教会に通い、イスラム教徒がモスクへ通う事が彼らの常識ですから、信者でないなら、氏子・檀家である事を辞めるべきだと考えるからです。

しかし、日本人は「いいえ」と答えても、氏子・檀家をやめません。

これはどういう意識かというと、一神教信者の皆さんは、神の教えに従わなくてはいけないと思っているでしょう。もし神の教えに従う事が信者の条件ならば、私は信者ではありません。しかし私は、「先祖が大事にしてきた事はそのまま伝承し、神も仏も信じていますので、自分で祈りたい時には祈ります」という事です。

この人物は、自分は神社のお祭りには協力するが、神社に従わなくてはならないとは思っていない。先祖のお墓があるからお寺にお参りするし、葬儀の時には世話になろうと思っているが、生活を仏教の教義で左右されようとは思わないという意思を表明しています。そして、神社のお祭りの時には神様に祈り、葬儀の時には仏様に祈るのです。

現在日本で自分で無宗教だと認識している人が多いのは、「一つの宗教を信じて、その神様に従う事が信仰だ」という欧米式の宗教の概念が広まっているからです。

大多数の日本人は、普段の生活では神にも仏にも従うつもりが無いので、自分は無宗教だと認識しているのです。しかし、特別に宗教活動をしていなくても、大多数の日本人は実際には信仰心を持って生活しています。なぜなら、(自分がお祈りしたい時には)神社仏閣に行こうと、普段から思っているからです。

信仰とは何かと言えば、祈る事です。日本では、『**人智を超えた偉大な存在(自然・人物)**』であり、かつ『**祈りの対象**』であるという二つの要素を兼ね備えている存在が《神》であると認識されて、信仰されています。

例えば、交通事故が増えて人々が不安に思い「交通事故に遭わないように、お祈りしたい」と願う人が増えてくれば、どこか人々の信仰を集められる**『偉大なる場所』**に、**『交通安全の神様』が立ち所に現れ出でて**、人々の不安を静めるべく活躍し始めます。

だから、日本には沢山の神様がいるのです。日本人はその沢山の神様を神様だと信じて、その時の願い事に合わせて、最も霊験あらたかだと自分で選んだ、神様に祈りを捧げています。自分では無宗教だと認識していても、実際には祈っています。

私は、便宜的にこの日本人の祈りを「日本的多神教信仰」と名づけました。教祖も祈りの中心もどこにもないので宗教ではありません。けれど「**日本的多神教信仰の、信じたい時に、信じたい神を、信じたいように信じて祈る**」、その祈りは、現実に存在しています。

日本文明における信仰の担い手は、自分の意思で神様を選択する、日本的多神教信仰を実行している人達ですが、日本の宗教の研究は、各宗派の神話や教義が中心でした。この為に、日本文明を構築している日本人の信仰は、長い間解明されなかったのだと思います。

つまり、多数派日本人は《宗教》**をやっていません。ですから宗教を研究しても日本人の**《信仰》**が解らないのは当然なのです。**

②日本的多神教信仰の実相

日本にも、「自分の信仰だけが正しくて、他の信仰は間違っている」と主張する宗教団体もあります。その教えだけを信じる、専従信者の皆さんの宗教団体です。こういう宗教では、「この宗教の教えは〇〇です。すばらしい教えなので、入信して下さい」という布教活動を活発に行っています。けれど、多数派にはなかなかなれません。

なぜかといえば、専従信者になるという事は、他の神様を信じる自由を失う事になるからです。専従信者になると、自由を失い義務が増える。だから日本では、専従信者になる人は圧倒的な少数派です。

後載（P.128参照）の「日本的多神教信仰の図」にあるように、日本での宗教の一般的な布教活動は、お祭りを主催したり、地域でボランティア活動をしたり、お寺で法話会を開いたり、新聞雑誌テレビに広告を出して宣伝したり等、様々な方法で行われています。

これは、いつ、どの神様にお祈りするかの選択権が信者側にある為です。「来年の初詣でには、どの神社仏閣に詣でようかな」と思案する事は「どこに旅行しようか。どのホテルに泊まろうか」と思案する事と同質なので、ホテルの宣伝と同じ形になるのです。

普通の日本人は、各宗教の深い教義を知ろうとはしません。太陽の神様は天照大神様、学門の神様は天神様、お薬師様は健康を守る仏様くらいの分類でお参りに行きます。

また、自分が普段お参りしない神様でも、ちゃんと信じています。旅行へ行った時などは「どんな神様かは知らないけど、神様だからお祈りしておけばご利益もあるだろう」と推測して熱心にお祈りします。

日本人の認識では、『人智を超えた偉大な存在（自然・人物）』であり、かつ『祈りの対象』という条件を満たした存在が神様です。この為に、自分が知らない神様でも、地元の人達が信仰しているのだから、偉大な存在に違いないと推測して祈るのです。

旅先の安全は、地元の神様にお願いしておいた方が「霊験あらたかに違いない」という意識を持つ人もいます。ですから、欧米に旅行に行けばキリスト教会でも祈ります。

テレビに出演したお寺の住職達に「家でクリスマスをお祝いしますか」という質問がされた時は、「イエス」の答えの方が多数でした。

日本的多神教信仰の図

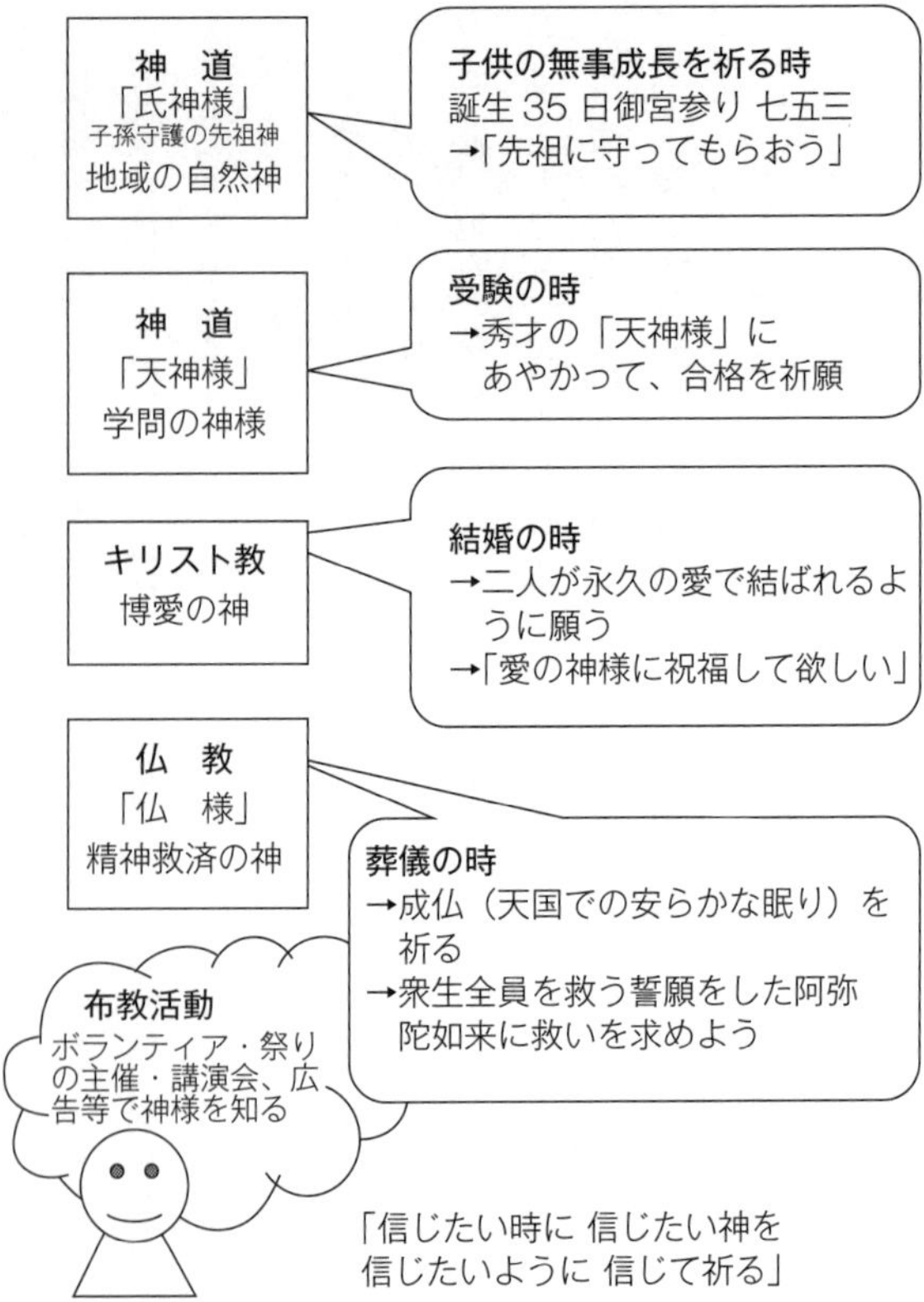

神　道
「氏神様」
子孫守護の先祖神
地域の自然神

子供の無事成長を祈る時
誕生 35 日御宮参り 七五三
→「先祖に守ってもらおう」

神　道
「天神様」
学問の神様

受験の時
→秀才の「天神様」に
あやかって、合格を祈願

キリスト教
博愛の神

結婚の時
→二人が永久の愛で結ばれるように願う
→「愛の神様に祝福して欲しい」

仏　教
「仏　様」
精神救済の神

葬儀の時
→成仏（天国での安らかな眠り）を祈る
→衆生全員を救う誓願をした阿弥陀如来に救いを求めよう

布教活動
ボランティア・祭りの主催・講演会、広告等で神様を知る

「信じたい時に 信じたい神を
信じたいように 信じて祈る」

どこの神様にお願いするか、自分で決める。

③日本的多神教信仰の「祈り」

「日本的多神教信仰の図」の中にキリスト教を加えたのは、現在の日本ではキリスト教が広く一般に普及しているからです。欧米では、布教活動をしても効果が出ないので日本は宣教師の墓場と呼ばれているようですが、これは洗礼を受けて信者になる人数が少ないだけで、大多数の日本人は、主イエス・キリストは神だと認めています。あるいは、ブッダと同様の、偉大な人物であると認識しています。

つまり、キリスト様を信じています。ただ、同様に神様も仏様も信じているのです。

戦後日本で布教活動をしてきたキリスト教会の人達は、戦災孤児の救済を行い、現在ではホームレスへの炊き出しなどを行っています。この姿を見て、日本人はキリスト様に対して、博愛を説きながら他の神様を認めない「排他的な神様」という戦国時代の理解から、「博愛の神様」へと認識を変えて、信じるようになったのだと思います。

現在では、本当に多くの人達が、キリスト教式で結婚式をあげています。

自分の結婚式で祝福を授けて欲しい神様を、いい加減な気持ちで選ぶ人はいません。本当に、愛の神様だと信じているから、死が二人を分かつまで愛し合っていけるように、本物の愛の神様である主イエス・キリスト様に誓ってその祝福を受けたいと、真剣に願って教会の門を叩くのです。仮に、民間施設の結婚式で司祭さんが役者さんであっても、新郎新婦・親族・友人の祈りは本物です。本物の愛の神様へ向けての、本物の祈りです。

しかし、葬儀の時には、教会には行きません。キリスト教では、生前に罪を犯すと、地獄へ行くと教えています。地獄へ行くのは嫌なので、葬儀の時にはお寺に行きます。

なぜなら仏教には、人々の魂を救う最強の法力を持つ阿弥陀如来様がおられるからです。阿弥陀如来様は、「一切衆生救済（すべての人を救いたい）」と誓願を立てて修業をして、誓願を成就させて如来＝仏となられました。「すべての人を救いたい」という願いがかなっているのですから、阿弥陀如来様は、万人を救う法力をお持ちのはずなので、人々は「愛する人が、成仏できますように」と、阿弥陀如来様に救いを求めてお寺に行きます。

仏教でも、阿弥陀如来様をご本尊にしていない宗派もあります。しかし、葬儀の時になれば、「必ず救われるべきだ」という檀家信者の強い希望によって、戒名をもらって住職に読経してもらえば、成仏間違いなしと信じられています。

例えば真言宗の御本尊は、阿弥陀如来様ではなく大日如来様です。大日如来様は、「すべての人を救いたい」という誓願は立てていませんから、その法力をお持ちではないはずです。しかし、大日如来様は、宇宙の真理であり根本仏である。人智を超えた果てしなく大きく尊い存在なので「大日如来様も、お救い下さる」と、真言宗の信徒は自分で信じているのです。

さらに、阿弥陀如来様の法力が「日本全土にあまねく広まっている」と信じる人が増えたのか、または浄土真宗の「死んだ途端に成仏するので、本来は葬儀すら必要ない」という教えを信じる人が増えたのかは定かではありませんが、近頃は宗教色のない葬儀が流行し始めました。

それでも、皆「成仏間違いなし＝天国に行ける」と信じたいので、信じています。

日本式多神教の信者は、その時の願いに対して「最もふさわしく・強い力を持つだろうと思う」神様を自分で選択します。そして、その時には、みんな、《本当に・真剣に》神に祈ります。

④日本的多神教信仰が成立する、日本人の精神性

●日本人が「お祈りだけして、戒律を守らなくてもいい」と考える理由

「日本的多神教信仰」は、人々の願望が凝縮してできた信仰のあり方です。見方によっては、神様を軽んじているようにも見えるでしょう。しかし、決してそんな事はありません。なぜ日本人が、お祈りだけして戒律は守らなくても許されると思うのか、その心理を、人間の成長過程で神に近い存在である両親に登場してもらい、架空の例をあげて説明します。

子供が「将来は、人の役に立つ仕事をしたいな」という希望を持っている時に、両親はそれぞれ自分の意見を子供に示しました。

お母さんは、「それなら、公務員を目指したら」と勧めました。

お父さんは、「警察官だろう」と勧めました。

それぞれ意見は別々ですが、子供の事を思って助言してくれていますので、子供にも「意見は違っても、両親は二人とも自分を愛してくれているのだ」と解るので、心には感謝の思いが湧いてきます。

もし公務員になれば、お母さんは喜んでくれるだろう。

もし警察官になれば、お父さんは誇りにしてくれるだろう。

そうは思いましたが、それで自分の心に聞いてみると、「消防士になってレスキューを目指したい」という答えが返ってきました。そこで、両親に自分の決心を打ち明けると、お母さんは、怪我の心配をしてくれているようです。でも、お父さんは「途中で、へこたれるな」と激励してくれました。

子供は、一生懸命勉強して、苦しくても訓練にも音を上げる事なく「一人前の消防レスキューになろう」と強く決心します。


このように、「どうしようかな」と迷った時、多くの日本人は両親を敬愛するように、神様達を精神的支柱として、信じ、敬い、頼りにしています。様々な時に問いかけ、人生の導きを受けて、お祈りもしています。様々な仏教書・中国の古典・哲学書、歴史物語・童話・伝記などの書物に、問いかける事もあります。先生、先輩に貴重なご意見を伺う事もあります。

しかし、聖徳太子が神話にも仏法にも論語にも従わずに、それらを駆使して「十七条の憲法」に生かしたように、日本人はいかなる神にもいかなる書物にも隷属はしません。何の教えに導かれるか、誰の意見を参考にするかは、自分で選択をしているのです。

即ち、日本人は（最大限の敬意を払っていても）、神様を駆使して自分の為に役立てようとしているのです。だから、戒律を守らなくてはならないとは考えないのです。

●キリスト教の信者ではなくても、「イエス・キリストを神である」と信じられる精神性

日本人は、宗教や科学が提供する多数の教えや情報の中から、自分で「これだ」と思う世界観・日常生活で守るべき規範などを、自分で選んで自分で信じて実践しています。

どの宗教の何を（どの部分を）信じるかを、自分で選ぶのです。バイキングの食事のように、自分で沢山の要素の中から、好きなものを好きなだけ選んでいます。だからキリスト教のすべてを信じていなくても、イエス・キリストを神であると信じる事ができます。

実際、日本人で仏教の世界観である輪廻転生を信じている人が、どれほどいるのかは大いに疑問の残る所です。それでも、お寺の檀家である事はやめません。仏の教えのうちで「これはいい」と思う事だけは、ちゃんと信じているからです。

日本では、一つの宗教を部分的に信じる事が社会的にも容認されています。殆どの人が、無意識のうちに自分で勝手に実践しているので、誰にも反対できないのです。

日本人は宗教者に「信じたい所だけを信じてもいいですか」と質問しません。質問されないので宗教者も「ダメです」と答える事はできません。もし質問されれば、宗教者（特に外国人の宗教者）の中には「ダメです」と答える人もいるかもしれませんが、日本人の方では、それが当たり前なので、質問する事を思いつきません。

この為にお互い、知らぬが仏でうまくいっているのです。

ただ、一つの宗教を、部分的に信じる、又は、信じてもいないのに敬意を払う、という殆どの日本人が無意識のうちにしている信心が、どのような精神性によるものなのかについて、披露された事はありませんでしたので、ここでご説明させて頂きます。

日本人は、如何にして、宗教的な教えを取捨選択をしているのかについて、日本に「ダーウィンの進化論」が紹介された時を例にあげて説明します。

明治時代の初めに、東京大学で「ダーウィンの進化論」の講義をした米国人学者エドワース・モースは、学生が即座にその理論を受け入れた事にとても驚いていました。

なぜなら、欧米社会に「ダーウィンの進化論」が紹介された時には、神がこの世界を創生したというキリスト教の教えと違っていた為に、拒絶反応があったからでした。日本にも『古事記』の中に、国生みの神話がありました。仏教の世界観は輪廻転生です。明治の学生達は当然、国生みの神話も輪廻転生論も知っていたでしょう。

しかし、日本人学生は、即座に「ダーウィンの進化論」を信じたのです。

それはなぜかと言えば、日本人は神様を、信じ、敬い、頼りにしても、神様に従わなくてはならないと思っていないからです。何を信じるかの選択権が信者側にある為に、以前の説よりも信じられる理論が登場すれば、当然その新説を信じるのです。

ですから日本人は、地動説も進化論も即座に受容できるのです。

しかし、進化論を信じる事にしたからといって、国生みの神話を棄ててしまう訳ではありません。国生みの神話は、ダーウィンという偉大な科学者が動物の進化の過程を解明する前に、昔の人々が一生懸命に考えて作り上げた「日本の創生神話」であると認識して大事にします。

また、『古事記』には国生みの神話の他にも、人の心の原点を語る物語が沢山あります。今の時代にも通じる所もあり、人の心に浮かぶ愛と喜びと怒りと悲しみが語られています。

けれどやはり、現在では首をかしげる部分もあります。

だから、すべてに共感するかといえば違うけれど、「昔の人はこう感じたのか。ここは今でも同じだな」などの気持ちで、『古事記』に接するのです。

昔使われていた時計などが博物館で大事に展示されていれば、人は「昔の人達がこの時計を作ってくれたから、現在の便利な時計が作られたのだ」と、感謝の思いで見学するのと同じです。

日本人は、進化論を正しい理論として信じる事にした後でも、国生みの神話の方は敬意を込めて「心の博物館」に大事にしまっておくのです。

一つの宗教を部分的に信じる、又は、信じてもいないのに敬意を払うという感じは、この「心の博物館」を開いてみる過程の心境です。

第三章　日本人の基本の道徳律——日本の社会道場（その一）

一《基準》がない日本で自由な心の人達が社会に適応する方法

自由な心が争いを生むので、各文明圏では《基準の力》で秩序を維持してきました。

一方、日本では《基準》を作りませんでした。それでも秩序を維持しています。これはなぜでしょうか？　それは、日本人は《掟》を守るという一点に尽きます。

日本には、絶対善＝基準はありませんが《掟破り》という絶対悪はあるのです。

日本では掟を破れば村八分になります。ですから「掟が気に入らなくても、掟を批判しない。掟に背く行動はしない」という所で、日本の秩序は維持されてきました。

現在でいう所の法治主義です。日本で戦後一度も憲法が改正されないのは、掟には従わなくてはならないという感覚が未だ日本人の中に生きていて、「**憲法は好きなように変えるモノではなく、自分達が従うべきモノだ**」と感じている人が多いからだと思います。

一方、外国人にとっての法律とは、自分が気に入る社会を作る為に、自分ではなくて他人の行動を変える為の道具です。彼らにとって法律・ルールとは、自分が従うモノでなくて、他人を従わせる為のモノです。だから、常に（自分が有利になるように）法律を改正したり、ルールを変えたりしているのです。

例えば冬季スポーツのジャンプ競技で日本が世界で勝利するようになると、欧米は身長が高い方が有利になるようにジャンプ板の規定を変えました。これで日本人は勝てなくなりました。

これは日本人の感覚では、スポーツマンらしくない（＝美しくない）行動ですが、欧米人にとって《絶対善＝至高の美》は、キリスト様で、スポーツマンシップではありません。だからスポーツでは美しく負けるよりは、多少見苦しくても勝つ方が良いので、（自分が有利になるように）ルールを変える事は、頭脳プレーという事になります。

このように日本人と外国人は、感覚・感性の違いから違う行動をします。スポーツマンシップを讃える同じ発言をしても、行動は違います。同じ人間なのに、不思議です。

しかし前章で、感性や価値観が共有されるのは、同じ社会道場で修業をして、その文明圏に適応する社会人に成長するからだとお示ししました。

とすれば、日本人の感性が他国と違うのであれば、日本の社会道場が他国のモノとは違うという事になりますので、日本の社会道場について観察してみます。

二　日本の社会道場の基本は「仏教」である

日本人の信仰は、完全に個人の自由意思に依っています。

具体的に言えば、信仰では人の迷惑にならないので、誰からも批判されないのです。Aさんが冬に朝四時に起きてお百度を踏んでも水垢離（みずごり）をしても、風邪をひくのはAさんです。丑の刻参りが見つかれば批判されるでしょうが、普通はお祈りで他人に迷惑をかける事はありません。この為に、完全に個人の自由意思が尊重されるのです。

しかし、人間が社会生活を送るには、衣食住を確保する為に言葉を駆使して行動します。すると、人に迷惑をかけたり迷惑をかけられたりする事が発生します。

実社会では（もっと良い生活を求めて）個々人の願望が露（あらわ）になって、積極的に利己的な行動が実践されます。毎日毎日が、利害対立を生み出す行動に埋め尽くされています。

まさに社会は、人間関係の悩みの巣窟です。

日本人はこの悩みに、どう対処しているのでしょうか？

歴史的に、日本での精神を救う神様は仏様、即ち、仏教です。

ですから、個人が社会生活を送る際の導きは、まずは仏教になります。

①日本仏教の檀家信者が、自主的に信じている「仏教理論」を推測する

日本の仏教の基本的立場は、人の心には《仏》が住んでいるとしています。但し、《仏＝良心》は《苦しみの元＝我欲》に覆われているので、「仏道修行をして、我欲を削り落して悟りを開き、自分が仏になれば苦しみから救われる」というのが、日本の仏教のほぼ共通の理論です。

簡単に言えば、「あいつが憎い」と思っていると自分が苦しい。「みんないい人、やあ、ありがたや」と思えると自分が幸せになれるので修業しましょう、という教えです。

但しこの仏教信仰は、「檀家信徒達が自主的に信仰している」と私が感じた仏教信仰で、宗教者が説く仏教の一部分です。または、似て非なるものです。

例えば、仏教にも地獄は存在します。そして現世で悪業を働くと、地獄に行く事になっています。けれど、現実世界に生きる日本人の殆どは、仏教の戒律に従わなければ閻魔様に地獄に落とされるとは信じていません。仮に葬儀や法事の時に僧侶からそんな話を聞いても、「心の博物館」を見物した気分で聞いているだけです。

普通の日本人は、信じたい時に、信じたい神を、信じたいように信じて祈っています。ですから、お寺の住職の法話を百パーセント信じて従うような事はしません。押し付けら

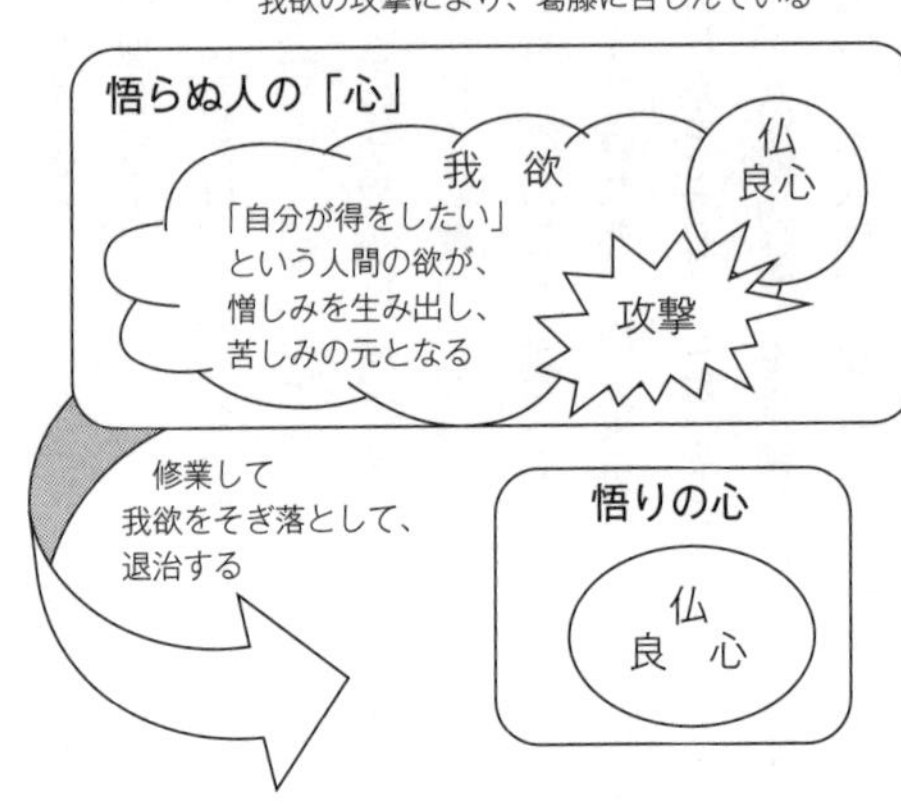

「日本的、
仏教理論」
人の心の中には、「仏・良心」が住んでいる。
けれど、その「仏・良心」は
我欲の攻撃により、葛藤に苦しんでいる
悟らぬ人の「心」
我欲
「自分が得をしたい」
という人間の欲が、
憎しみを生み出し、
苦しみの元となる
仏
良心
攻撃
修業して
我欲をそぎ落として、
退治する
悟りの心
仏
良心

れて強制されると逃げ出してしまいます。

檀家信徒が逃げ出さないように、一般的な日本のお寺は、「十七条の憲法」理論を実践しています。即ち、人の意見が自分と違っても怒ってはいけないので、檀家が住職の法話を信じなくても怒らず放任します。ただ《お寺の決まり》は、住職も檀家も守ります。ですから檀家は、葬儀や法事を他所のお寺に依頼するという掟破りをしなければ、心は全く自由です。

とすると、一般の日本人の仏道修行の場所は、お寺ではない。

ではどこで修業するのか？

悩みがあるから救われたいと願うのですから、それは悩みのある場所（＝他人との競合・軋轢で悩みが発生する場所）、一般社会という事になります。

②「宗教」の効能と「法の支配・法律」の限界

自分の生活の糧を得る為の場所ですので、一般社会は武器を使用しない「万人の万人による闘争」の世界となります。ですから一般社会は悩みの巣窟です。そんな苦しみの世界から脱却する為の《基準》としては、よく宗教が採用されます。そもそもの宗教の効能が、他人と衝突せずに共生する社会になる為のお薬だからです。

言葉を変えれば、宗教の効能は人間関係の整理整頓です。

「あいつが邪魔だ」と思って人殺しをしたり、「あいつ、いいもの持っているな」と思って、他人の家に入り込んで配偶者や財物を奪ったりしていては、人間関係がゴチャゴチャになってしまいます。ですから、「あいつが邪魔だ」「あいつ、いいものを持っているな。盗ってやろう」と思わないようにしよう、と宗教は呼びかけています。

即ち、他人の領域に入り込みたく《ない》と自分で思って、きちんと整理整頓された状態で、暮らせるようになろうよ、というのが宗教の目的です。

人間関係の整理整頓は、法律の意図する所でもあります。

しかし心は縛れないので、心は法律で規制できません。「〇〇と思ってはダメ」という法律を作っても、人が何を思っているかは解りませんので、取り締まる事ができないからです。「〇〇と思うな」という思考の強制に対しては、法律では効力が無いのです。

けれど法律も、人間関係を整理整頓する為の圧力になっています。

法律があるから、盗みたいと思ってしまった時には、「でも、ばれたら刑務所に入れられるかもしれない。だからやめようかな」と、迷いや不安に襲われて自分が苦しみます。

この時、法による報復を恐れて理性で「盗みたくても、盗まない」という行動をとれば人間関係は維持されます。これが法の支配による、秩序の維持です。

しかし法律により人間関係が適切に維持されても、人の苦しみは終わりません。

「盗みたくても、盗まない」という、お預けを食っている状態では、自分が苦しむからです。この苦しみをなくすのが宗教なのです。

人間関係を破綻させずに、しかも、自分が苦しまない為にはどうすれば良いか。

その答えは、「盗みたくない」に感情が変わる事です。盗みたいという感情が無くなれば、法の支配を受けて、殺せなくても、盗めなくても苦しむ事はありません。しかし人の感情は自然に湧き上がってきてしまうものなので、簡単には変わりません。それ故に、実際に人の感情を変えられる宗教は偉大であり、畏怖される存在なのです。

つまり、**人が共生できるように「法律」があります。**

人が幸せに共生できるように「宗教」があります。

ですから日本では、「苦しみから、救われたい」と、人々が仏様に助けを求め続けた為に、仏教の教えが広く一般に周知されて、仏教の戒律が社会の倫理基準になりました。

問い「救われるには、どうしたらいいでしょうか」

答え「仏教の戒律を守って、仏道修行をしなさい」だからです。

仏教の戒律の内、一般信者の「五戒」は、「不殺生・不偸盗・不邪淫・不妄語・不飲酒（殺すな・盗むな・不倫するな・嘘を言うな・酒を飲むな）」です。現代日本では不飲酒は忘れられていますが、残り四戒は健在で、四戒を守っていれば、利害関係のない一般社会では平穏に暮らせます。隣人関係や趣味の世界までは、これで充分です。

しかし利害関係が発生する仕事の世界では、充分ではありません。この為に、出家信徒の基本戒律「十善戒」が、日本の社会での倫理基準として広く社会に浸透しています。

即ち、日本では、日本人同士が幸せに共生できるように、お寺の外で仏教が活躍しています。

③日本の社会全体の基本的倫理基準となっている仏教の戒律「十善戒」

仏教の戒律は本当に沢山ありますが、日本社会の中で広く一般的に広まっているのは、仏教の出家信徒の基本戒律である「十善戒」です。

十善戒は、一〜三が「殺さず・盗まず・不倫せずという、行動基準」で、これを破ると、社会的制裁を受けます。四〜七は、「嘘を言わず・偽善的な言葉・悪口・二枚舌を使わないという、言動基準」で、これを破ると人に嫌われて孤立します。八〜十が「貪欲・怒り・邪心という我欲に負けないという、思考基準」で、これができなくても、隠していれば他人とはぎくしゃくしませんが自分が苦しみます。

即ち、日本社会では、十善戒の内、「行動基準」を破れば生活が破綻して、「言動基準」を破れば社会で孤立して、「思考基準」を守れなければ自分が苦しみます。

十善戒を一言でいえば、**利己主義を静めて人と諍いを起こさない**という事になります。この中で、十善戒の内、一〜七の行動や発言の規制は理性の力を駆使すれば守る事ができますが、八〜十は理性で守る事はできません。なぜなら、八〜十は悪い感情だからです。自分の意思では悪い感情が浮かべないようにする事はできません。感情は、良い感情も悪い感情も自然に湧き上がってきてしまいます。「この人が嫌い」という感情が湧き上がっても、言葉や行動に表さずに友好的に振舞う事はできます。理性の力で、表面上の言葉や行動は変える事はできます。しかし、例え人に知られる事が無くても「この人が嫌い」という感情は存在していて、自分を苦しめます。

ですから「悟りを開く」とは、悪い感情がなくなる事です。理性で隠すでもなく、退治するでもなく、悪い感情が消えてなくなる事です。

即ち、仏道修行による救いとは、理性で行動と発言を制御して悪い感情を表に出さないでいると、いつか悪い感情が浮かばなくなるので、自然に人を悪く言いたくなくなり、悪業もしたくなくなる。

理性で制御する必要性がなくなるので、人は苦しみから解放されるという訳です。

「十善戒」　出家信徒が守るべき基本戒律

○行動基準

「人に対して誠実に振舞う、悪行をしない」

一　不殺生　生き物を殺さない
二　不偸盗　盗みをしない
三　不邪淫　男女関係を乱さない

○言動基準

「人を悪く言わず、誠実な行動をする」

四　不妄語　嘘を言わない
五　不綺語　偽善的な言葉を使わず事実を話す
六　不悪口　人の悪口を言わない
七　不両舌　二枚舌を使わない

○思考基準

「自分の我欲に負けずに、物事を判断する」

八　不慳貪　貪欲を慎む
九　不瞋恚　怒りで自分を見失ってはいけない
十　不邪見　邪な考え方をしない

三　禅僧・鈴木正三の理論に観る日本人の生き方の基本

鈴木正三は徳川家の旗本の家に生まれ、関ヶ原の折の上田城攻めや、大坂の陣で武功をあげていましたが、四十二歳の時に家督を弟・重成に譲って出家をしました。

世俗で生きる運命にあったのにあえて出家を選んだ鈴木正三は、在家の人々の心を救うにはどうしたらいいかを考え続けていました。そして、「**自らの生業において勤勉に働く事が、そのまま仏道修行になる**」という結論に達して布教活動を行いました。

鈴木正三は有名ではありませんが、その理論は日本の現象を上手く解説しています。なぜならば、鈴木正三の理論の柱は、次の三点ですが、これらのいずれもが、現代日本で、それを言われると反対できないという正論になっているからです。ですから、社会の中での仏道修行＝「いかにして我欲が制御されて、日本人の生き方の基本を生み出すか」についての日本の正論として、鈴木正三の理論を拝借します（『盲安杖』より）。

❶人間が、それぞれの職業において世の為・人の為に尽くせば、それは《誉》となる
❷職業に貴賤はない
❸正直に生業に励む事が仏道修行であり、人間として完成してゆく為の道である

①自らの生業において勤勉に働く事が、そのまま仏道修行になる

江戸時代までは、お寺が人々の生活の中で、一定の役割を果たしていました。民衆は寺子屋で文字を習ったり、文字の読めない人は手紙を住職に読んでもらったりしていました。火事で家が焼ければお寺で寝泊まりして、旅に出かける時は寺請証文（当時のパスポート）を出してもらいました。家庭内や近所でもめ事が起これば、お寺に相談に行きました。当時の幕府や大名は、民衆の社会福祉にさほど熱心ではなかったので、その分お寺が活躍していたのです。ですから、当時のお寺は今よりも民衆に身近な存在で、自分の心を救って欲しいと出家を望む人も今よりは沢山いました。

ただ、出家を望んでも、生活の為に働く庶民は、おいそれと出家する事ができません。また、在家のままで仏道修行をしようにも、毎日何時間も読経したり、座禅を組んだりなどの仏道修行をしている暇はありません。

そんな中で、江戸時代の禅僧・鈴木正三は「**世俗の人々が、自らの生業において勤勉に（十善戒を守って）誠実に働く事が、そのまま仏道修行になる**」という理論を打ち立てました。これは仏教宗派の一つ「真言密教」の「常行三昧」を、現実社会に応用した考え方ではないかと思います。常行とは、怠りなく常に修業をする事です。

仏道修行で実際に何をするかといえば、十善戒を守って衣・食・住の生活をした上で、読経・写経・座禅・瞑想・水行・断食・回峰行・托鉢等を、プラスして行う事です。

ここで、仏道修行を「行動」としてとらえると、

●**読経・写経**では、仏教の知識を得ると同時に、知識を通り越して一心不乱に打ち込む事で「何も考えない・無我の境地」に至るのかもしれません。
●**座禅・瞑想・水行・断食・回峰行**はと言えば、肉体を苦しめるだけ苦しめて、その先にある「心境」に至る為の道ではないかと思います。
●**托鉢**は、人の情けとの出会いによって「自分の心を感謝の心で満たす」修業ではないかと思います。

となるとすると、仏道修行とは、十善戒を守って衣・食・住の生活をした上で、

●**知識を学んで身に付けて、何かを一生懸命に行う**事で「無我の境地」に至る。
●**苦しんで**、その先にある「心境」に至る。

●**感謝の心を持つ**事になる。

このように分析すると、世俗において十善戒を守って生業に励む事は、

●**生業の知識を学び身につけて、一生懸命に行えば**「無我の境地」に至るかもしれない。

●**生業に励んでいれば望まなくても苦しみに出会う**ので、苦しみに出会い続けていけば苦しみの先の「心境」に至る事が、できるかもしれない。

●**生業に励めば苦しい時には人の情けと出会い、自然に感謝の心を持つ事になる。**

ので、《仏道修行をする》事と、同質であると言えます。

ですから、**怠りなく常に、仏教徒としてふさわしく生業に励み続ければ、《仏道修行と同質の事に励み続ける事になるので》場所は世俗であっても悟りを開ける**という理論は、成り立ちます。

私には江戸時代の庶民の人達が常識として「鈴木正三の理論」を知っていて、仏道修行

として、生業に励んでいたのかどうか皆目解りませんが、日本全国のお寺が人々の生活の中に存在していた事で、誰もが自然に仏教に接して「十善戒」を知っている状況の中で生業に励み、無意識のうちに仏道修行をしていたような気がします。

②人がそれぞれの職業で、《世の為・人の為》に尽くせば、それは《誉》となる

鈴木正三は、仏教書『万民徳用』の『職人日用』で次のように説いています。僭越ですが、私が現代語訳させて頂きます。


本覚真如の一仏思考によれば、人は皆「仏」の分身であり、誰もが《世の為》世界の利益になる仕事をしているから、世界がうまく廻っている。

武士は、世の中を平穏に治めている。農民は、食糧を作っている。

商人は物を動かして、人々の自由で快適な生活を支えている。

あらゆる仕事が、世の為となる。天地の理を考え出した人もいる。

文字を作り出した人もいる。医者は、患者の治療をしている。

人々は「仏」の導きによって、互いに支え合って生活している。

人々がそれぞれの仕事を《世の為》に、できる事、万人（誰も）が必要な素晴らしい人でいられる事が、即ち「仏」の導きである。

この理を知らずに、《自分の我欲》で、私利私欲の為の仕事をすれば、迷いの凡夫として、苦しみ続ける事になる。

「誰もが《世の為》世界の利益になる仕事をしているから、世界がうまく廻っている」

という理論は、日本において、次の二点の現象を導き出しています。

●日本では、私利私欲を満足させる「もうけ主義」で商売をする人々は、尊敬されない。目先の利益よりも世の為・人の為になって、お客様に信頼されて、自分でも誇りを持って商売ができる「おかげさま商法」「損して得とれ商法」などが、今でも健在。またブラック企業の烙印を押されると、業績が下がる
●江戸時代には、下位身分とされた職人や商人も、その職業によって世の為・人の為に役立っているので尊いのだと認識されていた

この為、自分の腕(技術)で物を作る職人や、自分の才覚で商売をする商人達が、それぞれの職業に自信を持って取り組み、社会的成功を手にする事ができました。

③職業に貴賤はない

鈴木正三は、すべての職業が尊いとしながらも、職業選択の自由には言及していません。それは、この時代が「士農工商という階級制度の世の中だった」からだと思います。

特に、公家と武家・農民は、江戸幕府の統治には絶対に必要な存在だったので「その役割を果たすべきである」として職業選択の自由が束縛されていました。にも関わらず、なぜ前述の「万民徳用」で「**すべての職業は、世の為に役立っているので、職業に貴賤はない**」という思想を語る事ができたかと言えば、次の理由によると思います。

●十七条の憲法・第十条の、「人は皆それぞれに優れた所もあり欠点もあるので、人は皆凡人である」という平等主義にマッチしていた
●十七条の憲法・第七条の「人には、任務がある」にもマッチしていた

即ち元々の日本人の感性に合致していた為に、江戸幕府が提示した社会制度を否定する理論であったにもかかわらず、「誰もが《世の為》世界の利益になる仕事をしているから、世界がうまく廻っている」という理論が、人々の心に響いたのだと思います。

そして、「職業に、貴賤はない」という思想が、日本社会に根付いたのだと思います。

●人間は助け合って、社会を構築している

だから、すべての仕事が、他人への尊い奉仕である《一面》を持っている

人が普通に生きていられるのは、目・耳・鼻・口・頭・手足・内臓器官が、自分の中でそれぞれの役割を果たして頑張ってくれているからです。

人間社会もこれと同じで、人々がそれぞれに自分の能力を発揮して、それぞれの場所で役割を果たし合っています。「十七条の憲法」でも第七条で、「人には任務があり、任務にあたる時は、職務に忠実で職権を乱用してはならない」と言っています。

社会に出て自分の役割を果たすという事＝働くという事、それは社会で必要とされている事の中で、自分でやり続けていく事が《**できる事を、実際にやる**》という事です。飽きない（商い）でやり続ける事です。「今はやっていないけれど、自分がやる気になった時に、やればできる」では価値がないのです。

社会の中での役割・任務を実際に果たした時、人は仕事で認められます。とは言え、社会に出て自分の役割を果たし続ける事は、それが好きな仕事であっても忍耐力を試され続ける事でもあります。嫌な仕事は続ける事すら困難です。

しかし、もし心臓が休みたい時に休んでいたら人間は、みんな死んでしまいます。心臓

人間の各器官に見立てた、職業の社会的役割

器官	職業
思考器官 頭脳	政治家・学者・医者・弁護士
情報収集器官 目・耳・鼻など	マスコミ・芸術家
生存保持器官 胃腸・肛門など	農業・漁業・食品会社 上下水道・し尿ゴミ処理
生活保持器官 手で物を製造	製造業・建設業
輸送器官 足で移動	輸送業・トラック・バス 鉄道・航空産業

は疲れたから、休みたいと思っても、自分が休んだら宿主自体が死んでしまって、自分も死ぬ結果になるので、休みたくても休みません。休めないのです。

同様に、人が任務を果たさずに休みたい時に休んでいたら、社会は成り立ちません。皆がそれぞれに自分の任務を果たしているおかげで、社会が廻っているからです。そこで人は、自分があまり苦痛に感じないで休まず続けられる仕事を、自分で見つけなくてはならなくなります。休んでばかりだと、会社（社会）から放り出されるからです。

現実として、人には欠点もあり皆一様に凡人なのですが、人それぞれに様々な能力があります。すべてに優れている人はいませんが、すべてにダメな人もいません。

読み書きが得意な人もいます。手先が器用な人もいます。人と話すのが好きな人もいます。黙々と働く事が好きな人もいます。遠くへ行く事が好きな人もいます。一箇所で落ち着いている事が好きな人もいます。ですから社会は、個々人が自分が得意な仕事、好きな仕事、辛くない仕事、又は仕方無く、今の仕事を頑張って続けているので廻っています。

社会には、頭脳に相当する政治家や学者などの仕事があります。目・耳・鼻のマスコミなど、胃腸・肛門の農業、し尿ゴミ処理など、手の製造業など、足の輸送業などの仕事があります。

仕事の場でみんなが自分の役割を果たし続けているから、社会は成り立っています。頭脳しかなかったら、栄養をとれずに人は死んでしまいます。移動する事もできません。人が生きていけるのは、目・耳・鼻・口・頭・手足・内臓器官が、それぞれの役割を果たして、頑張ってくれているからです。

頭脳や心臓が上位で、肛門が下位ではありません。皆さんも一度ぐらいは経験をお持ちだと思いますが、肛門の調子が悪くて、便秘になると、とても苦しい思いをします。

それぞれの仕事は、その役割を果たしているから、そのすべてが必要不可欠であります。

即ち、現実に職業に貴賤はありません。

④正直に生業に励む事が仏道修行であり、人間として完成してゆく為の道である

怠りなく常に、仏教徒としてふさわしく生業に励み続ければ、場所は世俗であっても、悟りを開ける。この理論について、鈴木正三は次のように述べています。

人々の心の持ちようが自由になり、人々が心の世界の中で自由に振舞う事が、できるようになる為ならば、南無阿弥陀仏と念仏を唱えるのも良し、座禅をしてみるのも良し。

更には、そんな事は何もしなくても、毎日自分に与えられたそれぞれの仕事に、精一杯打ち込んで働いていけば、それが人間として完成していく事になる

つまり、「念仏でも、仕事でも、何でもいいから修業をして、人格が完成すれば、心のままに自由に振舞っても、周囲と問題が起こらず、うまくいくようになる」という事です。

要は、一生懸命に何かをしていれば、悪い感情がなくなって幸せになれる訳です。

しかし、鈴木正三は、一つだけ条件をつけています。それは、「正直」です。

殺人・窃盗・詐欺をしても、人に解らなければ実生活に支障はないかもしれません。し

かし、悪業が露見しないか、常に心配していなければなりません。世間は知らなくても自分は知っていますので、「自分は、本当は良い人間でない」と自己嫌悪に陥ります。自分を肯定できない事は、精神の最大の不幸です。

即ち、自分に正直でいられる事が幸福の第一歩です。

また自分ですら信じられない人物を他人が信じてくれるはずはありませんから、いずれは社会的に孤立し、排斥されてゆきます。

ですから、鈴木正三の理論は、次のようにまとめる事ができます。

「十善戒」を守りなさい。中でも、「正直」は絶対破ってはいけない。
後は、《世の為・人の為》に、一生懸命に仕事さえしていれば、必要な知識を「学べ」、会いたくなくても「苦しみ」は、どんどん向こうからやって来て、時に、人の情けに触れる事にもなるので、仏道修行は自然にできる。
故に、「正直」に働き続けた苦労の果てに、人格が完成して、幸せが待っている。

現在日本社会は、世の為に尽くす人に敬意を払い、正直・誠実を重んじています。

⑤現代日本の職業倫理

現在の日本企業に求められる、職業倫理は「正直と誠実」です。
「十七条の憲法」と「鈴木正三の理論」を合算すると、
日本社会では他人に思いやりを持って、礼儀正しく接して、摩擦を起こさず、
人に迷惑をかけない限りは、自由自在に行動して、
《世の為・人の為》に、正直・誠実に、仕事に取り組む人物が、理想となります。
日本という国は心が自由な国なので、右の理想像になろうと自分で決心して頑張ってい
る人は殆どいませんが、自分以外の周囲の人が「右の理想像のような人だったら、いいな」
と思っている人は沢山います。
この為に、「十七条の憲法」の「皆の意見に従って、行動しなさい」という勧めに従って、
即ち、空気を読んで、右の理想像のように行動だけする人が結構います。そして行動し続
ける事で、いつしか日本式に人格が磨かれ、求められる社会人になって行きます。
つまり、知らないうちに、鈴木正三の理論の通りに世俗で仏道修行をしているのです。
この為なのか、「空気を読む」「人に迷惑をかけない」「世の為・人の為」「正直・誠実」
は、そのまま、現在の日本社会における職業倫理になっています。

例えば数年前に、米国資本のマクドナルドが取引をする中国の食品会社で、不衛生食品（チキンナゲット）の出荷問題が起こりました。この時、マクドナルドは、日本の消費者が企業に求める誠実さを軽視した為に、三十パーセントも売上げを減少させました。

しかも、日本マクドナルドの社長は記者会見で謝罪をせず、**日本マクドナルド自体が、取引会社・上海福喜食品に騙された被害者である**との見解を表明しました。

これに対して、同じ状態に置かれたファミリーマートは、**誠実さに欠ける会社と取引をしていたという過失を明確に謝罪**して、「レシートを提示すれば正規の商品を配布する」旨を公表しました。日本ではこちらが正しい危機管理方法になりますので、ファミリーマートは売上げを減少させませんでした。

日本人は企業に誠実さを求めます。少なくない日本人は企業に不誠実さを感じると、不快なものには関わり合いになりたくない精神を発揮して、沈黙したまま個人で不買運動をするのです。不買運動が呼び掛けられる訳ではないので解りづらいのですが、不祥事を起こした日本人感覚の企業は空気を読んでとにかく謝ります。

部下が起こした不祥事でも、日本では社長や責任者が謝ります。

企業の社長の仕事には、不祥事の発生時に全責任を負って辞職する事も含まれています。

官庁でも、大臣や次官が辞職します。これは、戦国時代に城が包囲されて敗戦間近の時に、城主が家族や城兵の命を助ける為に切腹した事例の現在形です。

日本では、世間を騒がせて人に迷惑をかけてしまったら、事態を収束させる為に、皆が納得できるように、**謝罪の《形》**を示さなくてはなりません。**謝罪の《形》**がとられなければ、事態はいつまでも収束しません。

事実、謝罪の《形》を示さなかったマクドナルドは売上げを三十パーセント減らしました。日本マクドナルドは、取引会社の選定を誤ったという過失を認めて、レシートを提示すれば正規の商品を配布するという、謝罪の《形》を世に示すべきだったのです。

その理由は大きく分けて二つあります。まず第一は、米国と日本の司法制度の違いです。日本では過失を認めても、実害がさほどでなければ損害賠償訴訟は起こりません。

この案件は食中毒などの実害がないので、精神的なショックを受けたと訴える民事訴訟となりますが、陪審制ではない日本の損害賠償請求訴訟では、実際の損失が発生しないと勝訴しません。ですからよくアメリカでは、企業訴訟で一儲けしようという弁護士が被害者を集めて訴訟を起こしますが、日本では訴訟に勝てない為弁護士が動かないので訴訟は起こりません。このような日米企業風土の違いで、アメリカ人の日本マクドナルドの社長は、謝罪をすると損害賠償請求訴訟などを起こされると勘違いしたのかもしれませんが、謝罪をしなかったのは日本ではまずい対応でした。

なぜなら（第二の理由に通じますが）、日本の消費者は企業に誠実さを求めるからです。日本マクドナルドは、レシートの提示と交換に正規の商品を渡す事によって、損害が生じると判断したのだと思いますが、これは損害にはなりません。

まずマクドナルドのチキンナゲットを買っても、レシートを捨ててしまう人もいます。レシートを持っていても、その権利を行使しない人もいます。これは、「マクドナルドはわざとやった訳ではないから、謝ってもらったらもういいや。実際の被害がなかったから賠償してもらわなくてもいいよ」と、謝罪されて気が済んだ人達です。

また、恥ずかしいから権利を行使しないという人もいます。食中毒などの事例はなかったということですから、レシートを提示して交換してもらう際には、あの人は実際の被害がなかったのに、利益を得ようとしていると見られる事を、覚悟しなくてはならないからです。ですから、レシートがあっても交換しない人も少なくありません。

また、交換した人は「得した感」を持ちます。そしてうれしくなって、あとで再びマクドナルドを訪れるのでいずれは元がとれます。

そして最も多人数の集団であるチキンナゲットを購入しなかった人達に対しては、マクドナルドは顧客の為に誠実に努力する会社だと、宣伝する事ができるのです。

三十パーセントもの売上げの減少は、チキンナゲットの問題ではなく、日本人の消費者から日本マクドナルドは不誠実な会社だと判断された事で発生しました。「そんな会社のハンバーガーを食べたら、もし本当に食中毒になっても保障されないかもしれない、だから食べたくない」などと、不快感を感じた人が、それだけいたという事です。

日本の家電生産メーカーは、時々「二十年前、三十年前に販売した製品が事故を起こす危険性がありますので、交換したいので探しています」というテレビCMを流します。

家電は（種類にもよりますが）長くても十年ほどで買い替えられます。だから「二十年三十年、事故なく使えて故障したのならば、家電の寿命で製造メーカーの責任ではない」と考えるのが普通の感覚ですが、それでも日本の家電メーカーは、発火事故などが起これぱこの趣旨の広告をしています。

なぜでしょうか？　それは、この広告が必要になったという事は、何らかの事故が起こっているからです。だから広告を打つ理由の第一は、自社製品によって再び事故が起こる事を防止する為の広報です。

しかし、理由は一つではありません。より重要な第二の理由は、「自社は、二十年三十年前の製品にも責任を持つ誠実な企業であります」という宣伝です。二十年前に十万台売り上げた製品が、今何台使われているのか、それは誰にも解りません。千台かもしれないし、わずか百台かもしれない。もしかすると事故を起こした一台だけだったかもしれない。

それは解らないけれど、「今も使い続けている人達に注意喚起をして、事故を防止する決意を世に示す」事によって、関係のない一億二千六百万人余りの人達に「自社は誠実な企業です。ですから安心して当社の製品を購入して下さい」と言外に宣伝するのが、このようなテレビＣＭの目的です。

日本では、不誠実な企業、ブラック企業と認定されると、個人の沈黙の自主的不買運動によって売上げを落としてしまいます。多くの人達が「そんな企業には、関わり合いになりたくない」と思うからです。こうした感覚による、沈黙の離反は目に見えないだけにやっかいで、時には気付かぬうちに企業が衰退してゆく理由にもなっています。

いずれにせよ、日本で求められる職業倫理は「正直と誠実。世の為・人の為」です。

四　日本人の生き方の基本が仏教の十善戒なので、宗教で分類すれば日本は仏教国である

①日本は仏教国である

日本社会の倫理上の基本戒律は仏教の十善戒です。ですから、宗教は「教えと戒律を守る」二点セットですから、宗教で分類すれば日本は仏教国になります。

お寺で教えを受けて仏教の戒律を守るという形がとられずに、社会道場で修業をする形なので解りづらいのですが、鈴木正三の理論の通りに「自らの生業において（正直に十善戒を守りながら）勤勉に働く事が、そのまま仏道修行になる」からです。

また理論で説明されていなかっただけで、この形は別段他の宗教国家と違っている訳ではありません。どの宗教でも戒律を実際に守る場所は、家庭であり職場である社会だからです。だから、社会の基本倫理が仏教の戒律である日本は、宗教的に分類すれば仏教国だと思います。

② 「良薬は口に苦し」というように、宗教には毒素が含まれている。日本では「十七条の憲法」が仏教の毒素を中和した

その地域で人々が幸せに共生できるように、宗教やイデオロギーがあります。

自分が苦しまないで人間関係を破綻させない為には、殺したくない・盗みたくない・男女関係を乱したくないと、感情が変われば良いからです。イスラム教徒だったらお酒を飲みたくない・豚肉を食べたくないなど、ヒンズー教徒だったら牛肉を食べたくない、中国人だったら習近平主席に従いたい、と人々の心にその地域の良き構成員に適した感情が自然に浮かべば、その地域の人々は自分が苦しまないで人間関係を破綻させずに安穏と生活できます。この為に宗教やイデオロギーがよく活用されます。

しかし、いくら子供の時から社会道場で修業をしても、全員がその宗教やイデオロギーの教えに順応する事はありません。人の心は自由の刑に処せられているからです。

この為に、順応できない少数派の人達は、お酒を飲みたいのに飲んでばれたら罰を受ける・牛肉を食べたいのに食べられない・習主席に従いたくないと言えば刑務所行きで命が危ないという、抑圧状態に置かれる事になります。

つまり、万人の万人の為の闘争にならないように、誰もが従うべき基準を決めたら、少

数派には地獄になる場合もあります。「良薬は口に苦し」というように、宗教やイデオロギーには毒素も含まれているのです。

ではどうしたらいいのでしょうか？　選択肢は二つになります。

●少数派を粛清して、多数派が気分良く暮らせるようにする
●少数派を野放しにして、気にしないようにする

現代中国は、その一を選択しています。「十七条の憲法」はその二を選択しました。人の意見が自分と違っても怒ってはいけない。本当にその通りなのです。多数派の大陸中国人が、少数派の香港市民が言論の自由な世界で暮らしていても気にしないで怒らなければ何ら問題は起こらないのに、自分達と同じでなければ許せないと思うから、香港デモを力ずくで収束させねばならなくなるのです。

少数派を野放しにして、気にしないようにする。そして関わり合いにならないようにする。人の世が平穏に収まる秘訣はこれなのですが、世界の主流になかなかなりません。

第四章　日本人の生き方の選択——日本の社会道場（その二）

前章では、現在日本社会の中で個人に求められる資質を、鈴木正三の理論を借りて分析してきましたが、これは江戸時代に最も人数が多かった庶民から発生した、現代の日本人の生き方の指標です。社会道場で示される「こういう大人になりなさい。そうすれば、皆と仲良く大過なく暮らせます」というノウハウです。

一　歴史・時代が創った日本人の道徳律「公家道」

ただ日本は心の自由な国で、仏教にも沢山の宗派があるように、社会生活でのノウハウにも沢山の種類があります。

立場が変われば役割が変わります。心臓に「食べ物を消化してください」と頼む人はいませんから、職業や立場によって、個人に求められる資質も微妙に変わってくるのです。その結果として、道徳律も特有のモノになったりします。

その人物が職業に適応していく道程は、よく職人道・商人道などというように「道」という言葉を使って表現されます。最も有名なモノは武士道です。武士道は、好むと好まざるとにかかわらず武士として生まれた人達が、長い年月の間に武家社会の中に浸透させていった道徳律です。武士に求められる資質です。

このように日本には一般の道徳律の他に、支配者だった武士の道徳律も、公家の道徳律もあります。歴史を振り返れば、お公家さんと武士は共に過去の時代にこの日本で支配的立場にあった集団ですので、公家は公家、武士は武士の世界観の中で生きる道徳律を築いてきたのです。

つまり日本には、支配者の倫理基準が二つ存在します。

にもかかわらず、武士道だけが世間に知られている為に、より一層日本は解りづらくなってしまっています。また、日本人も公家道が未だに健在なのに、あまり気にしていません。お公家さんのような気質の個人として、認識してしまうからです。

けれど平安時代四百年間に確立して、その後の武士の時代七百年間で磨かれた公家道はとても強力です。

二　公家道を成立させたのは――平安貴族が没落しても公家として生き残った歴史である

①公家道の特徴

公家道は「日本の官僚気質」の源です。世界中に官僚気質はありますが、日本の官僚気質は強力で一風変わっています。その理由は、日本の官僚気質の元になった、お公家さん達の歴史にあります。

お公家さん達が日本の政治を主導した期間は、平安時代・西暦七九四年の京都遷都から鎌倉幕府が誕生するまでの、約四百年間です。平安時代は概ね平和な時代でしたので、古代に剣を持って戦った中央の豪族が都の公家になりました。

即ち、現実の中で血を流して権力を掌握した貴族が、四百年の平和の中で、戦わない貴族「お公家さん」になったのです。

②平安貴族の実相

自己保身を第一として、権力闘争する以外には「何もしない事が当然の保守主義者」

平安時代の公家貴族の権力闘争はすさまじいものでしたが、保身第一だった為に、ルネッサンス期のイタリアや中国と違って、はっきりとした暗殺は見受けられません。お公家さん達が、報いを恐れていたからです。

平安前期の権力闘争で陥れられた菅原道真が九州で没した後に、政敵だった藤原時平家の人々が次々に若死にした事を、人々は菅原道真の怨霊の霊力によると考えました。そしてこの怨霊騒ぎ以来、理不尽な措置で人を死に追いやれば、その「怨霊」はその罪を犯した人間すべてに報復を加え、終いには天皇家にも類を及ぼすという恐怖感が人々の心の中に定着し、お公家さんは報復を恐れて暗殺などはしなくなります。

奈良時代までは、政争に敗れた一家の皆殺しは多々ありましたが、平安時代になると太宰府や遠島への流刑に変わり、家族はお構いなし（自由に没落してくれ）に変わりました。それでは、平安時代の貴族が失脚して欲しい人達には何をしたかといえば、怨霊を信じていた為に、加持祈祷をして邪魔な人間に悪い事が起こるように祈っていました。呪いの御札を政敵の家の床下などに忍ばせる事が、折々に行われました。

これを逆用して、わざと自分の家の床下に呪いの御札を置いて、体調不良（仮病もあり）を起こして加持祈祷をして呪いの御札を発見するという芝居をして、政敵に疑惑が集まるようにしたのではないかと思える事例も見受けられます。

このように、政敵を陥れようとする時ですら、報いを受けないように自分を守る事を第一にしていた都の公家達は、都の自分達の周辺の世界だけが良ければいいと考えていました。彼らは、日本全土に君臨しているという自己認識を持っていながら、地方には殆ど関心を持たなかったのです。自分さえが良ければそれでいいという、自己保身が徹底されていました。

例えば『日本の歴史〈5〉王朝の貴族』（土田直鎮著・中公文庫）によれば、九九七年十月一日にこんな事がありました。

この日、宮中では、一条天皇臨席の孟冬旬という恒例の宴会が催されていました。そこに九州の太宰府から「高麗国人が襲撃してきた」という急使が到着しました。道長以下の三人の大臣は式の途中であったが席を立って、紫宸殿の東の階段を降り、

在国（太宰府長官）の手紙を額を突き合わせて読んだ。
列座の公卿たちも動揺して大臣に続こうとしたが、ときに中納言であった実資は、見苦しいとして席を動かず、やがて席に復した大臣から、高麗人ではなく、奄美島の賊が襲来して略奪した由を聞いたのである。（この後公卿たちは儀式を終了させてから、陣定で会議に入り）、要所の警備・賊の追討・神仏への祈禱・戦功者の褒章などを下令すること、高麗国の件は信用するに足らないが、一応神仏への祈禱を怠らないことが定められた。

外国が攻めてきたという一大事に対して、京の都の公家達が決めた事は、次の三点でした。

- ●九州を守る為の援軍は送らない
- ●自分達の身の安全の為に、都での治安は守護する
- ●神頼み（加持祈祷）をする

また、式の最中に取り乱す事を見苦しいとして席を立たなかった中納言実資は、三人の大臣が儀式の最中であるにもかかわらず席を立って紫宸殿の東の階段を降りた事を、日記

の中で嘲笑しています。中納言実資にとっては、九州で襲われている庶民よりも儀式を型通りに進める事の方が重要だったのです。この実資は、当時の一流の知識人であり、誰もが認める人格者として、賢人右府と尊称された人物でした。

また同じく『日本の歴史〈5〉王朝の貴族』によると、この二十二年後、一〇一九年四月には、さらに大きな刀伊の襲来が、同じように臨時の除目の最中に急使によって報告されました。

この時、公家達は二十二年前には自分達は何の被害も受けなかったので、その知らせが「刀伊の国の賊船五十余隻が壱岐に襲来し、国の守藤原理忠を殺害し、島民を捕え、転じて筑前国に来襲した」という、二十二年前とは全く違うすさまじいものでも軽微な被害の前例があった為に、驚天動地の大事件だとは認識しませんでした。

そして翌日に会議をして、例の如く、要所の警備・賊の追討・神仏への祈禱・戦功者の褒章を命令する事を決めました。

その他、（九州に攻め込まれているにもかかわらず）山陰山陽・南海・北陸の諸道に警護を命じました。この内北陸道警護は、八九三～八九四年に新羅の賊が九州を荒らしまわった時の先例に従ったものでした。

つまり、実際に「今、九州の日本人が襲われているからどうするか」の議論ではなく、「百年前の都の貴族はこのようにした」という議論をしていたのです。そして、やはり援軍を送りませんでした。

またこの時には、太宰府からの解文が、天皇に対する奏状の形式を取るべきであるのに、「奏」の字がないのは誤りであるとして、会議で問題になり、太宰府へ下す命令書の中で指摘して、注意を喚起する事も決めました。自分達が守るべき臣民が襲撃されているのに、一文字足りないと叱責しているのです。

さらにこの後、現地で奮戦して刀伊を撃退した武士達への褒章でもひと騒動ありました。この時、九州では約千六百五十人の人々と三百八十頭の牛馬が犠牲となり、対馬では銀坑と民家四十五軒が焼失しましたが、四月七日からのこの刀伊の襲来で、時の太宰権師・藤原隆家が迅速に対応して、太宰府官人や地元の豪族を率いて約一週間の戦闘をもって撃退しています。

ところがその撃退が早すぎた為、四月十八日に行われた戦後の都の会議で、戦功者に褒章を下すと都で決定したものの、その時には「戦闘は終了していたので褒章は下さなくても良い」という意見が出たのです。結局褒章は下されましたが、その論理は『日本の歴史〈5〉王朝の貴族』によれば、次の通りです。

中納言実資は、日付は問題ではなく、例え賞を与えると約束しなかったところで、功があれば賞すべきものである。八九四年に新羅の賊が襲来した時、対馬守文屋善友がこれを撃退した。そして、何も戦功者を賞するという命令は出ていなかったけれども、やはり善友は賞せられた例もある。ましてや今度の事件は大事件であったのを、太宰府が力戦して撃退したのであるから、当然賞を授けるべきで、もしここで放っておいたら、以後奮闘する者がいなくなるであろうと、発言した。（すると、皆同意したので、衆議一決した）

お公家さんの多くは、自己保身を第一として権力闘争する以外は、何もしない人達でした。

③何もせず、犯罪の取り締まりも人任せの「統治者集団」

都の公家達は地方に無関心なだけでなく、自分達が住む都の犯罪を取り締まろうともしませんでした。自分が襲われたくないので、都の中での治安の心配はしていました。しかし高貴な自分は、穢れた人間＝罪人とは関わり合いになりたくないと考えたのです。

その結果、平安時代の警察機構・検非違使には、しばしば元罪人が雇用されました。穢れた罪人には、穢れた元罪人で対処するという訳です。この論理ですから、暴力や死に関係する人達は、仕事を押し付けられた上に穢れに触れる人間だからと、一段下の人間とされました。身体をはって強盗や殺人犯から都を守るのに、感謝されるのではなく蔑まれていたのです。

汚れ仕事を最初に押し付けられたのは、貴人の側近く使える侍（さむらい）達でした。自分はやりたくないけれど誰かがやらないと困る事を、側仕えに命令するのは普通の成り行きです。それが数百年続いていた間に、侍の中に武力を必要とする事案の専門家集団が生まれて、武士階級となりました。結果として武士達は都でも地方でも、仕事を押し付けられました。例え先祖が天皇家に連なる源氏や平氏であっても、穢れに触れる所に身を落とした武士は、公家階級から見れば同じ階級ではない、一種侮蔑の対象でした。

つまり古代には自分で剣をふるった貴族階級が刀を捨てて公家となった為に、その実務を担当する階級が必要になって武士階級が誕生したのです。

武士は実務をこなす内に、自然に実力がつきました。そして武家の平清盛が政権を取った時、「何もしない公家の命令に従う必要はない」と気が付いたのだと思います。

考えてみれば当然なのですが、武士が命令に従わなければ公家は何もできないのです。武士が公家の荘園を管理して作物を作り、できた作物を都に運んであげなければ、都でのんびりしているお公家さんは荘園からの財物を手にする事はできません。

その後、平清盛が公家に従わない見本を見せたので、全国の武士が「仕事は全部自分がやっているのだから、自分も清盛と同じく公家に仕事の上前をはねられたくない」と思ったとしても当然だと思います。こうして、源頼朝が公家に上前をはねられたくない武士達を束ねて、鎌倉に幕府を作ったのでした。

もちろん公家は怒りましたが、荘園から財物を届けてこなくなった武士を、公家は自分の手に刀を持って処罰する事ができません。だから、武士に荘園を横取りされても口で文句を言っているしかなかったのです（都に近くて公家の威光が届く近畿地方の荘園は鎌倉時代には公家の手元に残っていました）。

④貴種としての誇りは捨てないが、運命を受け入れて面従腹背の究極の生き残りを図る

世が平和であれば公家の政権は維持できましたが、戦乱が起これば、自分の手は汚したくないから何もしない公家に事態の収拾はできませんので、政治権力が武家に移ったのは当然の帰結でした。

このような場合、普通の国では前統治者は歴史の中に消えていきます。けれど、日本の公家集団は、鎌倉時代から江戸時代までの七百年間、京都以外での日本の統治権が武家に奪われてしまっていても、（即ち、没落してしまっていても）権威を死守して貴種として存在し続けました。

公家集団は全く何の実力も持たずに、鎌倉・室町・江戸幕府に自分達の権威を認めさせて存在し続けたのです。その生きざまからは「自分達は貴種である。だから、明日も昨日と同じように生きて行く」という強い信念が感じられます。

と同時に、その生き残り術は面従腹背で、本来であれば自分達に仕えるべき武家を褒め称える事も厭いませんでした。陰で軽蔑しながら、持ち上げて援助をねだるのです。

それでいて、自分達の方が位が上であるという《形式》は絶対に手放しませんでした。

そして、可能な限り平安時代の公家の生活習慣を守り続けました。

西洋の貴族は二十世紀になると、変わらずに存在する為には、自らが変わらなければならないと、自分が変わる事を選択しました。しかし日本の公家集団は、貴種として変わらずに存在する事で、政治権力を奪われながらも貴族として七百年間存在し続けて、明治維新後には華族となりました。

西欧では十九世紀まで、貴族は地主として政治と戦争だけ行い、商売や金融業という金儲けをしている実業家は下の階級の人間と認識されました。しかし十九世紀半ばを過ぎると、貴族は土地だけでは贅沢な生活を維持できなくなったので、実業家を自分達の仲間として上流階級に受け入れて、自分達も商売や金融をやり始めました。

西欧の貴族は贅沢に暮らし続ける為に、昔は軽蔑していた仕事をする事にしたのです。けれど日本の公家は、昔と同じに贅沢な生活ができなくなっても、武士と同じように刀を持とうとはしませんでした。武士達の方が下の階級の人間だと認識し続けて、窮乏生活を送ったのです。つまり、贅沢な生活の維持をあきらめて、軽蔑していた武士と同じ汚れた仕事をする事を拒否したのです。

●都の公家達が武士を一段下の階級とみなして、彼らの働きを正当に評価しない風潮は、武士達が実力で政治権力をもぎ取った後も続いていた

一二七四年と一二八一年の元寇の時に、日本側の総大将として指揮を取って世界最強のモンゴル軍を撃退したのは、鎌倉幕府の八代執権・北条時宗でした。

それなのに都の公家達は、北条時宗を「国を守った英雄」とは評価しませんでした。

お公家さん達は、本来自分達に仕えるべき武士が、自分達を守るという当たり前の事をしただけだと考えて、北条時宗を従五位から正五位に一階だけ昇進させました。

北条時宗の偉業が評価され、従一位を追贈されたのは、没後六百年を過ぎた明治時代の一八九六年でした。

日本の歴史で不思議なのは、天皇家と公家集団を抹殺できるだけの武力を持った武将は沢山いたのに、七百年間誰も実行しなかった事です。

だから私は、日本は「十七条の憲法」が創り出した「自分が直接的に迷惑をかけられていない限りにおいては、少数派を野放しにして気にしないようにする。そして関わり合いにならないようにする」社会なのではないかと思うのです。

三　公家道が威力を発揮する時

公家道を今に伝える人達の代表は、官僚です。官僚達は、戦前から戦後に《日本》をそのままに繋ぐという離れ業をやってのけました。

平安貴族も官僚達も、「自分達は選ばれた人間である」という、自負心を持ちうる立場です。平安貴族は家柄と血筋を、官僚は試験に合格した事を自負心の根拠にするという相違はありますが、両者共に選ばれた人間であると自認しうる立場です。

その上で平安貴族集団も現在の高級官僚集団も、これ以上は上に行けない立場に立っています。ですから両者の第一の目的は、（これ以上は上に行けないので）そのまま存在し続ける事になりますので、必然的に官僚組織は前例主義で保守的になります。

当然ながら、政治家の改革要求などには、（いわゆる）面従腹背で改革を骨抜きにしたりもするので、進歩派勢力からは批判の矛先を向けられる事になります。

しかしこのような官僚の特性は、変化しなくてはならない時に社会的混乱を起こさず、**残せるものを残して、後の世に変化の副作用を起こさせない**為に、最大限の効力を発揮するのです。それは占領下の日本で示されました。

日本の官僚達は、**日本をなるべくそのままに残す**為に絶大なる貢献をしました。

ＧＨＱによる占領下で、日本という国を守る役割を担ったのは官僚組織でした。

ＧＨＱの誰が言ったのかは覚えていないのですが、白洲次郎氏が「従順ならざる唯一の日本人」と評された事は案外有名です。しかし白洲氏以外の官僚もまた、本当は従順ではありませんでした。彼らは、敗戦国の国民として相応しく振舞っていただけです。即ち、お公家さんのお家芸・面従腹背術を使っただけです。つまり日本の官僚機構は、国が敗れても機能し続けて、日本が日本であり続ける為に全力を尽くしていたのです。

なぜそう断言するかといえば、ＧＨＱの要望の多くが押し返されたため、日本は今も日本だからです。

例えばマッカーサー司令官は、日本人を国家神道信者だと勘違いしていましたので、国家神道を禁止して日本人をキリスト教徒にしようと志しました。ところが日本に赴任してみると、そもそも禁止すべき国家神道が見当たりませんでした。せめて、靖国神社を壊してドッグレース場にしようという案が出ていましたが、今も靖国神社はそのまま存続しています。即ち、マッカーサー司令官の希望はどこかで誰かに邪魔されました。

日本語の表記文字をローマ字化しようという案も、実現しませんでした。

剣道や将棋を禁止する案も、実現しませんでした。

憲法は変わりましたが、民法は最低限の改正しかしませんでした。

日本に理解を示すアメリカ人やバチカン公使の力を借りたとしても、官僚が日本をそのままに残す為に絶大なる貢献をした事は事実が語っています。

そして官僚組織は、一から始めるにあたり前例がなかったので開明的になり、経済も産業も破綻した日本の再建の為に大活躍しました。

公家道を生きる官僚の第一の目的は、存在し続ける事です。だから戦前のように世界の一等国の誇りある官僚として存在し続ける為には、日本が復興する必要があります。

即ち、占領下の官僚組織は、存在し続けるという最大の目的の為に、平時だったら問題にする些細な変更は気にせず、自分の部署に不利になることも承諾しました。

こうして、自然に心に浮かぶ愛国心と、占領者への反発と、過去の記憶と終戦直後の現実等、様々な思いに突き動かされた官僚は、日本の復興の為に一致団結したのでした。

世の為・人の為に自分の役割を果たす手法は、その部署ごとに現場に《ふさわしく最適化》されます。頭と胃腸と手足の動き方が違うのと同じです。ですから官界・政界、マスコミ界・ビジネス界では、現場によって《最適化された手法》に違いが生じます。

しかし自分達の手法が正しくて違う手法は誤りだと感じる人は少なくありません。

この為に《官僚世界の現場にふさわしく、最適化された手法》は、政治の世界やマスコミの世界の人達から見れば異様に感じられます。そして、政治の世界に最適化された手法は、マスコミの人達から見れば異様で、マスコミの世界に最適化された手法は一般人のネットの世界の人達から見れば異様です。

こうした職業的道徳律の違いによって、日本では折に触れ、政界や官界の手法を理解できないマスコミの人達から、政治家や官僚が悪役のレッテルを貼られます。自分には理解できない異様な集団は、変だと感じるので悪い奴に見えてくるのです。

マスコミの人が「道徳律が違うから、自分達の目でみると政治家や官僚が異様に見える。悪役に見えてしまう」という事を自覚して、政治家・官僚に悪のレッテルを貼りつける前に、理性の視線でもう一度見直してくれれば、マスコミを通して政治を知る日本国民や外国人にも日本の政治が解りやすくなるかもしれません。

またマスコミが「自分達の道徳律だけが正義だという主張が、視聴者からは異様に見える」いう事にも気が付けば、新聞やテレビの将来も明るくなるかもしれません。

第五章　日本人の生き方の選択——日本の社会道場（その三）

歴史・時代が創った日本人の道徳律「武士道」

一　武士は「苦しみ」を背負って生きる。「日本人の戦争観＝戦争に正義はない」

平安時代に武士階級が誕生した時から、武士達の行動の源は一所懸命でした。「土地（一所）の為に、命を懸ける」それが武士の行動の基本で、善悪は関係ありません。けれど、この戦う立場が、日本ではそのまま苦しみを生み出します。

多くの日本人は「穢れから離れた所にいたい」という逃避願望を持っています。当然その感覚は、武士達も持っていました。ですから平安時代の武士達は、自分達が戦の時に人を殺傷する事を生業とする、穢れに近い人間であると自認していました。

また、仏教では戦争に正義はありません。仏教の第一戒律・不殺生（生き物を殺さない）の戒を破るのですから、戦争そのものが悪業となのです。

ですから、武士達は、戦となれば悪業を犯さなければならない＝穢れに近い人間だという、宿命的な苦しみを抱えていました。

外国では、戦争に勝利すれば、正義が勝ったと自分達の戦いの正当性を主張します。しかし、日本では違います。「勝てば官軍」という言葉がありますが、これは勝利すれば政権が手に入るという意味で、正義が勝ったという意味ではありません。

日本では、戦場では悪業がなされると認識され、勝利者＝正義ではないので、日本の英雄は勝者ではありません。その生き方・戦い方が美しいと人々に認められた人物が英雄になるのです。だから、英雄は勝者からも敗者からも生まれます。

十二世紀後半の源平合戦の物語『平家物語』は、日本の戦争観を描き出しています。『平家物語』は冒頭で「祇園精舎の鐘の声、諸行無常の響きあり。沙羅双樹の花の色、盛者必衰の理をあらわす。奢れるものも久しからず、只春の夜の夢のごとし。猛き者もついには滅びぬ、ひとえに風の前の塵に同じ」。即ち、「世の中に永遠の繁栄はない、剣の上に立つ者は、剣によって滅びる」と述べています。

また巻九「敦盛の最期」では、殺生を犯す武士の悲しみが語られています。

一の谷の合戦で平氏方が敗れ退却していく時に、源氏方の熊谷次郎直実は、追跡中に大将軍らしき武将と組討になりました。取り押さえて顔を見ると、我が子小次郎と同じ十六、七歳の美しい若武者で、熊谷は戦意が解けてしまいました。

　そして、自分が我が子に先立たれたらどれほど悲しかろうと思い、「この君の父君の悲しみも思い、逃がして差し上げたい」と思いましたが、この君からも「情けは無用。早く首をとれ」と促され、味方の手前もあり、泣く泣く首を斬りました。

　この君は、平敦盛君で平家の直系に類する方でしたので、熊谷次郎直実は大手柄をあげた事になります。しかし、直実は「ああ、弓矢を取る身ほど嫌なものはない。武芸の家に生まれなければ、このような辛い思いをする事もなかろうに」と泣きぬれたと、語られています。戦後、熊谷次郎直実は出家を果たしています。


　武士達は、生業として不殺生戒を犯す事に苦しみました。そして武士達は、自分達の存在自体が祝福されたものではなくて、公家と比べれば高貴とは言えないという、劣等感・自重感を持っていたのです。**この武士の「人を殺さなければならない」という苦しみから、鎌倉時代には禅宗などの鎌倉仏教が隆盛を極めたのです。**

二　武士の存在意義　価値観の変遷による、武士の迷いと江戸時代の武士の葛藤

室町幕府の力が弱まり幕府の意向に反する武士を処罰する事ができなくなると、地方の武士達が実力で地所を奪い合うようになりました。戦国時代です。戦国時代は実力だけがものを言う時代で、正義も忠義もなく土地を求めて命がやり取りされました。

しかもここで、織田信長が「銭で武士を雇って戦わせる」という新しい方策で大成功した事から、土地を持たなくても武士になれる時代になりました。

自分の腕と才覚だけで出世できる時代になったのです。「七度主君を変えなければ一人前の武士とは言えない」と言われたように、この時代の武士は「どこにつけば自分に一番有利になるか」「どうすれば生き残れるか」で、仁義なき戦いに明け暮れたのです。

自由放任の実力主義で「気に入らない主君の為に戦って死ぬのは、まっぴらだ」という気持ちを自由に表明できた時代でしたので、主君が気に入らなければ、武将は自由に別の主君を探しました。究極の場合には、主君に反旗を翻して殺してしまいました。

それが戦国から安土桃山の世の中でした。この時代、武士が土地から解き放たれた事によって、戦乱はいよいよ激しくなり、日本中に広まっていったのです。

しかしこの風潮のままでは平和が長続きしませんので、江戸幕府は主君への忠義を、武

士の第一道徳にしようと試みました。太平の世・平和を守る為に忠義が第一で、喧嘩両成敗の原則が取り入れられました。これによって、戦う集団であった武士達が戦う事自体を戒められる事になったのです。安土桃山時代には、「生き残る為の裏切りは、良策」でした。けれど、平和が訪れて、普通にしていれば生き残れる江戸時代になると「裏切りは、ご法度破り」になったのです。

平和の訪れによって、今日明日の命の心配はなくなりました。けれど、戦う宿命を持つはずの武士が、戦う事を禁止されたのです。「戦わない？　それなら、これから自分達は、何をすれば良いのか？　どうやって生きていけばいいのだろうか？」再び武士達は、悩み多き生活を送る事になります。

こんな武士達の「どうすればこの苦しみから逃れる事ができるのだろうか？」という疑問が、「武士道」を確立させたのではないか、と私は考えています。

三　「武士道」の発生と、その本質

①『葉隠』に見る武士道

「○○道」の道とは、道教によれば、何かをする事によって、事柄・世界・人生の本質を見出す事です。茶道は茶、剣道は剣を通して、人生観や世界観を体得する事です。

この道の考え方に、鈴木正三の「自分の生業に励む事が仏道の修行になる」を合わせると、武士が、武士としての苦しみを抱えて、一所懸命に生きる事が武士道になります。

武士道の真髄と尊重された『葉隠』の一節に、「只今の一念より他これなく候。一念一念と重ねてこれ一生なり」とあります。『葉隠』は、肥前の国・佐賀鍋島藩士・山本常朝からの聞き取りを、同藩士・田代陣基が文章にまとめた武士の心得書きです。

『葉隠』は「武士道と云うは、死ぬ事と見つけたり」の一文が有名になりすぎて誤解も生じていますが、死ぬ事と見つけたりとは、死ぬまで生き続けるという事です。

江戸時代に官僚になった武士達は、人間関係だけの世界で生きる事を強いられていました。ですから『葉隠』は、性に合わない上司からの酒の誘いを丁寧に断る方法や、部下の失態を問題なく取り繕う方法などが書かれた「官僚武士のマナー全集」です。

ただ、武士たるものは心まで文人官僚になって、いざ戦という時に戦えなくなってはいけない。だから主君と上役に従っていても、自分自身の心の高潔さを保ち続ける。そして将来いつ戦が起こってもいいように心構えを持ち続けて、自分を鍛えて準備をしておく。

つまり、運命によって死がもたらされるその時まで、官僚仕事をしていても、休む事なく武士であり続ける事が「武士道」だと、『葉隠』は述べています。

只今の一念より他、これなく候。一念一念と重ねてこれ一生なり。
その時に起こった事を自分で真剣に考えて対処して、
今その時、今その時に真剣に対処し続けて、生涯を生きる。

武士が自分の状況を、（人の真似ではなく）自分で考えて自分で決断する事が、「只今の一念」です。自分で考えて、行動する。そしてその責任を自分でとるのが武士です。

武士たるものは、自分の武士としての道を、自分で一歩一歩踏みしめて作る。「僕の前に道はない。僕が歩く。それが道となる」、それが、山本常朝の信じる武士道でした。

ですから常朝は自分の武士としての生き方がマニュアルとなって真似される事は望みませんでした。だから、常朝は書付にするなと言いました。しかし、田代陣基があまりに素晴らしい教えだと考えて、後世に残したのです。

②元禄・赤穂事件にみる武士道

元禄赤穂事件が起きた時、三百余名の赤穂藩の旧家臣の内、主君の仇討ちに吉良邸に討ち入ったのは当初四十八人でした。彼らは四十七士と尊称され、現在でも人気があります。四十八人は、主に二つの理由で討ち入りをしたと、私は思います。

まず一点は幕府の裁決で、浅野家は吉良上野介に対して刃傷に及んだ主君が切腹をして改易になったにも関わらず、吉良家に対してはお構いなしであった事。つまり、喧嘩両成敗の原則を黙殺した**『幕府への抗議』**です。

そして今一点は、主君が殺そうとして殺せなかった吉良上野介を殺す事。即ち、主君が為し得なかった事を果たす**『忠義心』**です。

四十八人の四十七士は、仮に仇打ちが成功しても、自分達もただでは済まないと解っていたと思います。江戸府内で騒乱事件を起こせばそれだけで犯罪です。彼らは、仇打ちは我が身の破滅と解っていながら決行しました。それは、恐らくは仇打ちをせずに生き長らえて行く事に、**彼らの武士道が耐えられなかった**からだと推測します。

ただ赤穂藩旧家臣三百余人の中では、討ち入りに参加しない元藩士の方が遥かに沢山いました。彼らは浪人したという運命を受け入れて、生き続ける事を選びました。仇打ちに参加せず蔑みの目を向けられる事があったとしても、それに耐えて別の世界で生き長らえる事を、**自分の武士道として選んだ**人達です。

仇討ちに参加しなかったある人は、他家に再仕官をしました。

また別のある人は、町人になりました。

なぜ討ち入りに参加しなかったのかと問われたら、ある人は「家族の生活を守る為」にと言うでしょう。別のある人は「遺恨があっても、お家の為家臣の為に耐えるのが、主君の務めではないか」と言うでしょう。このような意見の人は、元の主君に忠義を尽くす気にならなかったとしても当然です。そして、沈黙で答える人もいるでしょう。

「武士道」に決まりはありません。赤穂藩の旧家臣達は、皆、同時に浪人になりましたが、後の人生をどう生きるかは、それぞれ個人で決定しました。一人一人が、自分で考えて、自分で決断して、自分の武士道を生きたのです。

③武士の心の自由を守る究極の手段は、切腹である

元禄赤穂事件の四十七士は自分の武士道に従って本懐を果たしましたが、江戸市中での騒乱の禁止を破り、仇打ち免許状もなかった事から「切腹」を命じられました。

この切腹は「自裁」です。自裁とは、武士が自分の意思でした事が社会的に許容されない時に、自分で自分を裁いて「自分で極刑を下す」事です。「事情は認めるが、社会的に許されないので自裁しろ」という事ですので、打ち首と違って人格が守られます。

尚、切腹には自裁の他に、「敗軍の将の切腹」「追腹（おいばら）・主君に殉ずる殉死」「詰腹（つめばら）・職務上の責任をとる。または義理を通す」「無念腹・現実社会の中では、無念を晴らせぬ為に行う」「指腹（さしばら）・復讐の手段。相手を指名して先に切腹する事で、相手にも切腹させる」などの種類があります。武士は、様々な理由で切腹を選択しました。個人の事情で切腹を選択した例を次にあげます。

●萱野三平（享年二十七歳）

萱野三平は赤穂藩の旧家臣で仇打ちの同志になっていましたが、父親から他家に仕官を命じられた結果、もし仇打ちをすれば生家に多大な迷惑をかける事になり、父親への孝行・

旧主への忠義・同志への信義との間で悩み苦しんで、「**誰も裏切る事はできない**」と、討ち入りの一年ほど前に、**義を通して切腹すると決めて実行**しました。

その時の辞世が、「晴れゆくや　日ごろ心の　花曇り」です。

萱野三平は、主君・父・友の三者の、誰をも裏切る事ができずに自刃しました。本人は悩みぬいていたはずです。ただそれにしては「晴れゆくや」で始まる辞世は、迷いをふっ切った清々しさがあります。父と友・後に残る人達を傷つけたくない優しさでしょうか。それとも切腹を決心した事で、本当に晴れゆく心になっていたのでしょうか。赤穂浪士が眠る泉岳寺には、萱野三平の供養塔があります。

●天草代官　鈴木重成

天草の乱の後に幕府直轄の天領となった天草の代官に任命された鈴木重成は、前述の禅僧・鈴木正三の弟で、荒廃していたこの地方で善政を行いました。

重成は、天草の貧困は、前領主が年貢米を余分に収奪する為に農地を過剰に幕府に申告していた為だと見抜き、検地をして四万二千石が二万一千石しかないと実証しました。

これを元にして、幕府に石高の変更と年貢米の減免を再三にわたり建議しましたが、認められなかった為に、一六五三年「訴状」を残して江戸の自宅にて自刃しました。

幕府に異議申し立てをしての切腹ですから、普通はお家取り潰しになるのですが、表向きは病死とされて養子の重辰が天草の代官職を引き継ぐ事になりました。

重辰もまた石高半減を訴え続けて、天草の石高は最終的に二万一千石に半減します。

この後天草には鈴木神社が建立されました。公的には、鈴木重成は切腹していません。

ただ、「切腹した」と人の口に登り続けて、現在でも敬愛され続けています。


切腹は様々な理由で為されましたが、「何かを得る為の、武士達の最終手段」でした。

得るものが自分の名誉や願いなのか、子孫の安泰なのか、家族や家臣領民の命なのかは人によって違いましたが、自分の命よりも大切な《何か》を得る為に死んでゆく事が武士の切腹でした。何かを得る為には努力が必要であり、その為に肉体的に苦しみながら死んでいく事が、人々の心を集める為に必要とされたのではないかと思います。

第六章　日本には、正邪善悪の判断基準（＝ものさし）である道徳律が複数ある

一　「公家道」は統治をする集団の道徳律で、「武士道」は統治する側の人間の個人の道徳律・美学である

存在する事の第一の目的が存在し続ける事であるという「公家道」は、ボトムアップ方式で国家を続けていく限りにおいては統治者の道徳律です。

公家達は、武士階級から「自分達で自治をする。あなた達の命令には従わない」と通告されて武家の幕府を認めざるを得ませんでした。武力ではかなわないので、無理やり承認させられたのです。この時リーダーシップ方式（従わせる方式）の統治をあきらめた公家達は、七百年の時をかけて**ボトムアップ方式で、下の人達から振り払われないように頑張る統治者の道徳律「公家道」を編み出しました。**

一方、強い者が勝つ。強い者には従わなくてはならないという弱肉強食の世界から生ま

れて、鎌倉〜江戸時代に国家統治の任に当たった武士達は、戦い場の道徳律と平時の道徳律の違いに苦しみながら「武士道」を構築しました。

戦いの場では、強い人の意見を取り入れないと負けてしまいます。

しかし平時には、強い人の我儘を通していたら平穏な統治はできません。

即ち**武士道とは、相矛盾する二つの目標のどちらも捨てられないが、両方は選べない時に、それでも自分で判断するしかないという「個人の道徳律・美学」です。**

ここで「公家道」と「武士道」を整理致しますと、武力でもって日本の統治権を手に入れた所までは古代の貴族も武家同じですが、戦う立場から統治する立場に変わった後で、どの道を歩いたかで公家と武家に分かれて、別の道徳律を作り出す事になったのです。

尚、公家道と武士道の最大の違いは、公家道は集団の道徳律で、武士道は個人の道徳律・美学であるという事です。

万人の万人による戦いを鎮めるには、強力な武力で反抗をあきらめさせる事が必要ですが、一旦平和になったらその平和を維持する統治には、所属員が全員で守るべき《何らかの基準》が必要になります。それは皆で決めた《掟》であったり統治者が発布した《法度》であったりしましたが、とにかく（水戸黄門の印籠のように）それが出てくると皆が恐れ入って従う《基準》がないと、万人の万人による戦いの世界に戻ってしまいます。

この為に公家達は戦う者の道徳律を捨てて、「**公家の世界の中では全員で従うべき《基準》を内包した、公家道**」を作りあげました。言葉を変えますと、武家に実力で叶わない中で、公家の中で仲間割れをすれば滅んでしまうので、《公家の掟》には絶対に従わなければならないという「公家道」ができたのです。現在の官庁も官僚が所属官庁に絶対服従する事で集団統治を行うという、集団統治の道徳律「公家道」の中にいます。

一方武士達は、平和が訪れても武力を捨てませんでした。すると、他の武士・武家集団が敵になって攻めてくる可能性がある事を忘れる事は許されません。だから武士達は、武士階級の全員が従える《基準》を作る事はできませんでした。その結果、武士達は「**個人の道徳律・生き方の美学である武士道**」を作ったのです。

庶民の道徳律は世の為・人の為が基本ですが、正直にのれんを守る商人道、技術を極める職人道、忍耐で自然と共生する農民道等、その職業として最も良い仕事をする為に、日本には道徳律（職業倫理）が沢山あります。

ですから、日本は昔も今も国家全体としては、自由な意見の存在を社会が許容した中で、個人が正邪善悪を判断するという形式なのです。

二　道徳律が複数あったのに、武人に公家道を押し付けた結果、武人は真珠湾を選択した

頭と手足は別の原理で動くので、統治者と武人は別の道徳律の方がうまく動きます。ところが明治以降「天皇陛下は神である。武家・軍人は天皇に仕えるべきだ」という、お公家さんの世界観が学校教育を通して全国民に教えられる事になりました。七百年の時を耐え忍んで政権を取り戻した（と思った）お公家さん達は、武人が再び弱い者に従う気をなくしてしまったら困ると思ったのだと思います。

しかし、別の道徳律で生きてきた武人にまで「天皇に従う事が善だ」という《基準》を押し付けたのは大失敗でした。統治者と武人では立場が違います。別の職業です。それぞれの職業には、本来その職業にふさわしい職儀倫理があって、仕事のやり方があります。

日本では古代豪族が戦う貴族となり戦わない公家となり、統治専任になりました。一方武家は戦い専任から統治も担当するようになりました。即ち、公家道も武士道も統治者の道徳律なのです。戦う者の道徳律ではありません。

それにもかかわらず、戦う専任者の軍人に公家道を押し付けてしまったから、承久の乱や建武の新政の時に公家方について敗戦した武士達のように、**昭和の軍人が負け方でも戦う事になってしまったのです。**「天皇に従う事が善だから、正義の為に命を捨てる」＝「統

治者の為に戦うならば、滅んでも良い」という、統治者の道徳律で軍人が戦うようになってしまったのです。その結果、昭和の軍人政権は真珠湾攻撃をしてしまったのです。

●弱い統治者の道徳律である「公家道」で戦えば、必然的に敗れる

ここで、私の父の経験を語らせて頂きます。

今は亡き父の意見では、戦前の教育で何が悪かったかと言えば、楠正成の生き様や北畠親房の『神皇正統記』を、良いもの・見習うべきものとして教えていた事でした。

楠正成も北畠親房も、形勢不利な南朝に最後まで忠誠を尽くしました。不利な中でも正成は度々戦闘で勝利して、親房は「南朝こそが正統だ」という書物を残しました。

これは「天皇陛下は神である。武家・軍人は天皇に仕えるべきだ」というお公家さんの世界観からみた時には、戦う者の正しい道徳です。

しかし二人とも負けた方ですから、武家政権が続いていた間は賞賛される事はありませんでした。ところが明治政府が、これこそが武士の鑑・軍人の正しい道徳だと学校教育を通じて世に広め、昭和になると現実に軍人の道徳になってしまっていました。

この為に、戦う者の常識や命を懸けて戦う理由までもが変わってしまったのです。

戦国時代までの戦う者の常識は、善悪は関係なくて、ただ戦いに勝ったものが政権をとりました。単純な弱肉強食が、戦う者の道徳律でした（注・武士道は、武士流の統治の道徳律であり、ここでいう戦う者の道徳律ではありません）。

戦国時代までは武士が命を懸けて戦う目的は、結局は自分の為でした。負ける為に戦って死ぬ事は、犬死にと言われて侮蔑の対象でした。それが明治以降の教育によって、昭和になると、戦う目的が正義の日本を守る事に変化してしまったのでした。

けれど、父に言わせれば、これ以上にバカな事はありませんでした。

現実に目覚めた父の意見では、楠正成は、負けを認める事ができずに死ぬまで負け方で戦い続けたバカ者でした。その楠正成を理想の武士としてしまったから、昭和の軍人は負けると解っていた戦争を始めて、壊滅するまで降伏できなかったというのです。

そして北畠親房は、自分が状況判断を誤って負け側についた事を潔く認めずに、「本当は、こっちが正しいんだ」と負け犬の遠吠えをしていたアホウな臆病者でした。その北畠親房を褒めあげたから、軍人が「負け戦でも、理由をつければ許される」と誤解して、嘘ばかりつくようになってしまったというのです。

戦争に負けたくなかったら、勝った武将を見習わなくてはいけない。負けた武将を見習ったら負けるに決まっている、というのが父の意見でした。

そんな当たり前の事にも気付かずに、楠正成を尊敬して「アメリカ軍は、いずれ我が故郷の浜・九十九里浜に上陸するだろう。どうせ死ぬのなら、うまいモノを腹いっぱい食べてから、カッコ良く死ねる特攻兵にこそなりたい」と熱望していた少年時代を、父は「自分でもどう考えればいいのか、よく解らん」と言っていました。

ただ、勝った武将を見習うべきだと考えた父は、勝った武将・徳川家康の遺訓と言われる「人の一生は、重荷を負て遠き……」という言葉を、応接間に飾っていました。

私は子供の頃、父の意見を信じられませんでした。「負けた武将を見習ったら負けるに決まっている」、それは当たり前です。当時十四歳だった父が、（うっかり間違えて）負けた武将を見習ったとしても、国家指導者も含めて全国民が負けた武将を見習ったという父の主張に対して、「そんな馬鹿げた事があるはずない」としか思えなかったのです。

けれど今は、それも一つの理由だと思います。

国民無視で自分達だけが変わらずに生き残る事が究極の目的で、七百年間、国内の戦いで武士に負け続けた公家道で戦えば、必然的に敗れる。それは至極当然です。

三　統治に有益な道徳律と、戦いに有益な方法論は別物である

①玉砕戦は、本来の武士の戦い方ではなかった

第二次大戦中の大日本帝国軍の戦い方の中で、他の軍隊との顕著な違いは、神風特攻に代表される玉砕戦でした。誰が考えても負ける段階に至っても、降伏して生き残る事ではなく戦い続ける事（即ち、死ぬ事）を選択したのです。

私は、自分が命を捧げる事で勝敗を変えられるだろうと予測できないのに、それでも降伏せずに戦うという事は、**死ぬ事を選択・受容した**という事だと思います。

戊辰戦争までの武士達の戦い方として、これはイレギュラーな選択です。

確かに、城が落ちて一族郎党が自刃する事は多数ありました。しかし、家臣もろとも全滅する事が**選択された**事は、殆どありません。会津戦争でも最後は降伏しました。ですから、当主も家臣も生き残りました。城兵全員が壮絶な戦いの中で全滅したのは、関ヶ原の前哨戦となった伏見城などごく少数の戦いだけです。

普通は、旗色が悪くなると脱走する兵士が増えて、最後は当主と少数の側近だけになります。関ヶ原の前に岐阜城が簡単に落ちたのは、ドサクサに紛れて脱走する兵士が多かったからです。武田家滅亡の時も最後の逃避行に従ったのは数十人で、他の大多数は主君・

武田勝頼から離れて逃げました。皆、自分の命が大事なのです。元禄赤穂事件でも、仇討ちをしたのは家臣の十六パーセントの少数派でした。

武士が命を懸けて戦うのは、何かを得る為です。それは土地であったり、銭であったりしましたが、いずれにしても戦後のより良い生活の為に戦いました。無駄に命を懸ける事はありません。**利益にならない死に方は「犬死に」**といって、武士が最もしたくない事でした。

武士達が壮絶な玉砕戦をする時には、大抵は何か目的がありました。

伏見城の戦いの目的は、主君家康が無事江戸に帰り、京・大阪を拠点に挙兵するであろう石田三成を中心とした西軍と対峙する体制を整えるまでの時間を稼ぐ事でした。

数万の敵に囲まれると予想される伏見城の守備隊はわずか千五百で、城将は徳川家康の股肱之臣・鳥居元忠でした。鳥居元忠は、他の徳川家の重臣とは違って「〇〇の守」などの朝廷からの官位官爵を拒否しています。それは彼が、「徳川家康の家臣である事に、最大の《誉》を感じていた」からだと思います。

ですから、鳥居元忠が率いた伏見城守備隊の戦う目的は、徳川家康が天下人となる《その日》を招来する（最悪でも徳川家を存続させる）為に生死を超えて戦う事でした。即ち、伏見城守備隊は、自分の命よりも大事な《夢の未来》の為にわが命を散華させたのです。

守備隊全員が同じ思いだったとは思いませんが、少なくとも駿府の人質時代から苦楽を共にしてきた鳥居元忠はそうだったと思います。また守備隊に加わっていた武士達は、自分が力の限りに戦って戦死すれば、「主君・家康が、遺族に報いてくれる」と予測していたと思います。だから彼らは、子孫の為にも命を懸けました。

いずれにしても、それぞれの目的の為に戦死する戦いに臨んだのであって、**彼らには「犬死にするつもりは、さらさらなかった**」と思います。

武士が命を懸けて戦うのは「現実に、何かを得る」為ですから、戦に勝てなければ、その大名・武将は部下の手柄に報いる事ができず、戦で死んだ武士は犬死にになります。こうした武将からは、部下が自然に離れてゆきます。

事実、元寇であげた手柄に報いなかった、執権・北条家の鎌倉幕府は滅びました。豊臣家は、太閤秀吉崩御の為に、「朝鮮出兵での論功行賞は、後で行う」と言いましたが、武士達の不満は高まるだけでした。

武士達は、どこまでも現実的でした。ですから実際に戦っていた戦国時代の武士達の思考であれば、アメリカに比べて武器の生産技術力・生産力・兵士になれる人口など、すべてが圧倒的に劣っていた国力から判断して、決して真珠湾攻撃は選択しなかったと思います。

それではなぜ、真珠湾攻撃を決行したのか？　江戸時代までの武家常識は、「**善悪は関係ない。最初から負けが解っている戦いで無駄に死ぬのは犬死にだ**」でした。これに対して昭和の軍人常識は「**朝廷＝天皇陛下に従った者が、善だ。善を守る為に命を懸けるのが戦う事の目的だ**」に変化していました。この戦う人達の価値観の変化（＝戦う目的が天皇・公家を守るという公家道に変化）が、日本を必敗の戦いに導いたのです。

つまりは、料理に使えば役立つ包丁も人に向ければ凶器になるように、人や集団がより良く生きられる為にあるはずの道徳律・倫理基準も、使い方を間違えるとこの世の地獄を作ってしまう時もあるのです。この世に、絶対善はないのです。だから、どんな良い理論でも従うのではなく、どう活用すべきかの視点で対する事が肝要です。

②戦う武将であり、統治者でもあった徳川家康の手法

私は、徳川家康はいかなる宗教にも、思想にも、哲学にも従わなかったと思います。ただ、その時その場で、徳川家を生き延びさせる為・徳川家を強く大きくする為にはどうすれば良いかと考えてどう行動するかを決めていたと思います。

例えば、織田信長に嫡男の信康と正妻の築山殿を殺せと命じられて、信康を切腹させ築山殿を部下に殺させましたが、家康自身は二人を殺したくなかったと思われます。

第一に、信長の命令から二ケ月粘りました。

第二に、後年も信康を惜しむ言葉を発しています。例えば関ケ原の戦いで家康が当初苦戦した時、家康はくせである指のツメをかみながら、「老いて（五十九歳）これほど苦労するとは思わなかった。息子がいてくれたら……」と漏らしたところ、御側の者が「秀忠様も間もなく来られましょう」と申し上げると「信康だ。信康が生きていてくれたら」と、他に息子がいても、二十年以上前に切腹させた、戦上手の嫡男の喪失を惜しんだそうです。

またこの信康事件の時に家康は、「信康を助ける為に酒井忠次を派遣して弁明させようとしたが、酒井忠次は信康を助ける為の弁明をしなかった」と言われていますが、後年、酒井忠次が嫡男・家次の所領が少ない事に対する不満を家康に訴え出たところ、「お前で

も子が可愛いか」（『東武談叢』）と拒絶されたという逸話が残っています。

このように何十年たっても信康の死が家康の心を痛めていたのですから、家康は信康を殺したくなかったのだと思います。しかし、絶対に嫌だったけれど切腹させました。

私は徳川家康のこの決断には、正邪善悪は関係なかったと思います。その目的はただ一つ、徳川家全体が生き延びる為だったと思います。

そして徳川家康が天下取りに動いたのも、徳川家全体がより良く生き延びる為でした。豊臣秀吉が崩御した時点で、家康は「天下を取るか、自分の死後に『石田三成等々に徳川家を潰される』危険を残して平穏に天寿を全うするか？」の選択を迫られました。

秀吉は、旧主の織田信長の嫡孫・信秀を岐阜の中大名にしかしていません。また、蒲生氏郷の死後、蒲生家は百万石から十八万石に厳封されました。この例を引けば、家康の死後に石田三成が執政となる豊臣家が、徳川家をどう料理するかは予測がつきます。

最善でも、豊臣に対抗する勢力とさせない為に徳川家を分裂させて秀吉の養子になった次男の秀康と徳川家の世継ぎ秀忠、その他の家康の子供達に、徳川家の領地を国替えしながら分割相続させるはずです。下手をすると、分割された後に一軒一軒潰される事になるかもしれません。

豊臣秀吉が世を去った時、徳川家は、豊臣家が危険を承知で放っておく事ができないほどの大大名になっていました。ですからこの時、家康は、「天下を狙う危険を冒す」か、「『自分の命を大事にして、自分が死んだあとの徳川家は知らないよ』と、豊臣家に忠誠を尽くす振りを続けるか」どちらかを選択せざるを得なくなっていました。

この為に家康は、自分の死後に譜代を含めた徳川家全体をより良く残す為に、天下に挑戦するしかなかったのです。つまり家康は、「自分が天下を取るのが正義だ」などとは全く考えていませんでした。

だからこそ、関ヶ原の戦いの後に盛大に約束を破る信義違反をしました。

家康は関ヶ原の前には、福島正紀を始めとした武断派の大名に味方になってもらう為に、彼らを持ち上げて様々な事を約束しました。彼らの気分を損ねて西軍に鞍替えされたら、東軍が負けてしまうからです。けれど関ヶ原で勝利した後は、様々な約束を反故にして、武断派の大名達を外様大名にして、当地の現場から遠ざけました。

はっきり言えば約束破りですが、家康は普段は約束を破らぬ人でした。実直真面目な信義の人として知られた家康は、一度味方に付けば「嫡男を殺せ」と命じられても信長を裏切らず、豊臣秀吉が生きていた間も決して秀吉を裏切りませんでした。また、配下の武将に対しても可能な限り約束を守りました。だからこそ徳川家康の旗下には信頼に足る武将達が集まってきたのです。

けれど関ヶ原の後は、家康は約束を端から破りました。これは、味方になってもらう為に空手形を盛大に切っていた時には、誰が味方になって誰が敵になるのかがまだ解らない状況でしたので、守れるかどうか解らぬ約束をしていた。そして、関ヶ原後には結果として全部の約束は守れなかった為であります。

家康は約束を破ってすまなかったと謝ってもいませんし、約束を破られた大名も約束を守ってくれと抗議はしませんでした。なぜ抗議しなかったかといえば、すべては戦の結果だからです。文字で書かれたどんな約束も、戦の現場の働きにはかなわない。生きるか死ぬか。勝つか負けるか。その現実の前では、どんな言葉も吹っ飛んでしまうのです。

戦う武将であり統治者でもあった徳川家康は、まさしく「只今の一念より他、これなく候。一念一念と重ねてこれ一生なり」として人生を生きた人物だと思います。ただ世間に受けが良い高潔さに縛られる事はなかった。正邪善悪を超えて、時に自分の感情では絶対に選びたくない最善の道を選択し続けて、日本に太平の世を招来したのです。

③『葉隠』・新渡戸稲造の「武士道」は個人の道徳律・美学であり、戦う者の道標ではない

徳川家康は、後の世に確立した「『葉隠』の武士道」「新渡戸稲造の武士道」とは違う思考で、日本を戦い取って統治しました。

新渡戸稲造の「武士道」とは違って、自分自身に高潔であれとも思いませんでした。信義や忠義を守ろうともしませんでした。世間的な正邪善悪にも縛られず、自分の願いや祈りにすら縛られなかった。ただその時その時に「最も有益だ」と思う行動を選択し続けて、自分の運命を自分で作り上げたのです。

この事実は、『葉隠』や新渡戸稲造の「武士道」は個人の道徳律・美学であり、「勝利を目指して戦う者とって、有益な道標ではない」という事を表しています。

私は、先の大戦で日本が悲惨な敗戦を喫したのは、戦国の世を忘れ「戦いでは、正邪善悪を超えた思考をせねばならない」という事を忘れてしまったからのような気がします。

だから一部の「公家道」軍人は、平安時代の公家達が「自分達を守る為に武士達が戦うのは当然だ」と武士達の労苦を歯牙にもかけなかったように、平気で玉砕命令を出せたのです。

そして『葉隠』や新渡戸稲造の「武士道」を報じる一部の軍人は、「公家道」を報じる

同僚の軍人に抗議をする事なく、自分の美学に従って戦い、敗戦後には自害したりしました。敗れた戦後を生きる事は、彼らの武士道では耐えられなかったからだと思います。「武士道」は確かに美しい。ただ、神風特攻をした若者達の遺書には、いかなる言葉も浮かびません。心すらもマヒしてしまい、ただ涙だけがこぼれます。

けれどだからこそ私は、国際情勢が風雲急を告げつつある今、日本社会は「戦国の世に、先人がいかなる戦い方をしたのか」を思い出すべきであると考えます。なぜならば、国際社会はまさしく戦国の世そのものでありますので、平時の日本の道徳律「世の為・人の為」「公家道」「武士道」だけでは、またまた進路を誤る可能性があるからです。

私は、戦国時代の武将のように、現代日本政府が積極的に「嘘をつき、裏切り、相手の裏をかけば良い」と言っているのではありませんが、国際社会には戦いのスタンスで外交をする国が多いので、戦国の思考を思い出して、相手の心を読むならば相手を誤解せずに適切な対応が取れるだろうと考えます。

即ち、様々な立場、様々な場面で、沢山ある日本の生き方の選択「世の為・人の為の商業道、究める職人道、公家道、武士道、戦国の論理」の取捨選択を間違えなければ＝徳川家康の生涯を忘れなければ、日本のゆく道は安泰だろうと思うのであります。

④道徳律が沢山ある日本では、人の生き方選択は完全に自由である

道徳律が沢山ある中で、日本人がどうやってその沢山の道徳律を活用しているかといえば、神様を選ぶのと同じように、自分で選んでそれぞれの道徳律を活用しています。

もっとも神様の選び方は完全に個人の自由でしたが、道徳律は周囲の人々との関係性によって選択される事もあります。趣味の世界ではどんな道徳律を自分で選択しようが自由なのですが、職業や集団が道徳律（性質や掟）を決定する場合があるからです。

ですから、仕事の場では、その会社や業界が求める「公家道」なり「武士道」なり「商人道」「職人道」を、尊重する事が求められる事が多くなります。それぞれの職業で長年の「こうした方が良い」という経験によって、道徳律が選択されているからです。

例えば、「モリ・カケ騒動」で有名になった前川元文部科学省事務次官は、面従腹背が座右の銘であるそうです。これを聞いた時、民間の商業道徳律で仕事をする私は「凄い！」と感じました。前川元次官は、天下り問題という不祥事で退官されました。もし元次官が不祥事を起こした民間企業の社長で、面従腹背が座右の銘ですと公言されれば、「面従で謝罪しても、腹の中では謝罪していない」と袋叩きにあいます。民間企業は信用第一で、面従腹背は禁句です。だから、民間会社の倫理基準の中にいる私は、凄いと感じました。

一方官僚の世界では、面従腹背は善行なのかもしれません。変化が求められている時でも、自分が守るべき業界に被害が及ぶ時には、面従腹背術を使って変化を止めたり緩やかにしたりする行為こそが、官僚の手腕なのかもしれません。だからこそ面従腹背を座右の銘にしている方が、事務次官＝トップの座に就いたのでありましょう。

このように、職業によって道徳律は違ってきますが、これは理の当然です。手足に向かって「動くな」と言い、頭に向かって「動け」と言ったら、世の中混乱してしまいます。その職業・任務にふさわしい道徳律で相応しい働きをしてこそ、世の中がうまく廻っていくので、人間の方で、自分に合う道徳律の職業を選ぶ事が肝要です。

汗を流して働いて自分が建てた家が完成した時に、自然に達成感を感じられる人は大工さんや建築業に就くとよいでしょう。泥にまみれて働いて田畑に豊かな実りが満ちた時に、自然に笑顔が浮かび苦労を忘れてしまえる人には農業が向いています。商品説明をして人に買って貰えた時に「ヤッター」と晴れ晴れ自分を誇れる人は、営業職に就くと成功するでしょう。机に座ってパソコンに向かい飽きる事なく数字合わせをできる人は、事務職に就くと周囲の信頼を集められます。

いずれにせよ、個人の性格や能力にその集団の持つ道徳律が合致すれば、ウィンウィンの関係が築けます。しかし、合致しないとその人物は精神的に苦しむ事になります。ですから、飽きないで続けられる仕事を選ばないと、人は不幸になります。また、いる事が辛くない会社で働かないと、精神的に追い詰められたりします。

日本には道徳律が沢山ありますから、自分で探せば、どこかに自分が笑顔でのびのび働ける会社や仕事があるはずなので、日本人は、道徳律が沢山あるという事と、会社・職業・職種によって役割・道徳律が違うという事を、再確認した方が良いと考えます。

大抵の人は自分が楽しいと感じる所や苦痛を感じない所を探して、仲間入りしますが、うっかり自分に合わない所に仲間入りしてしまうと自分で自分を苦しめてしまいます。この時、自分で選択して自分の人生を生きているという事に気が付かないと、「自分に合わない所から、自分に合う所に移動する」という当たり前の解決策に気づく事ができません。

しかし実際には日本人は、信仰の面で信じたい時に、信じたい神を、信じたいように信じて祈るように、様々な道徳律の中から「良いとこ取り」をして、自分で最終的な正邪善悪を判断しています。

即ち、日本には、一億二千六百万国民が持つ、一億二千六百万通りの宗教意識があるように、一億二千六百万通りの道徳律があるのです。

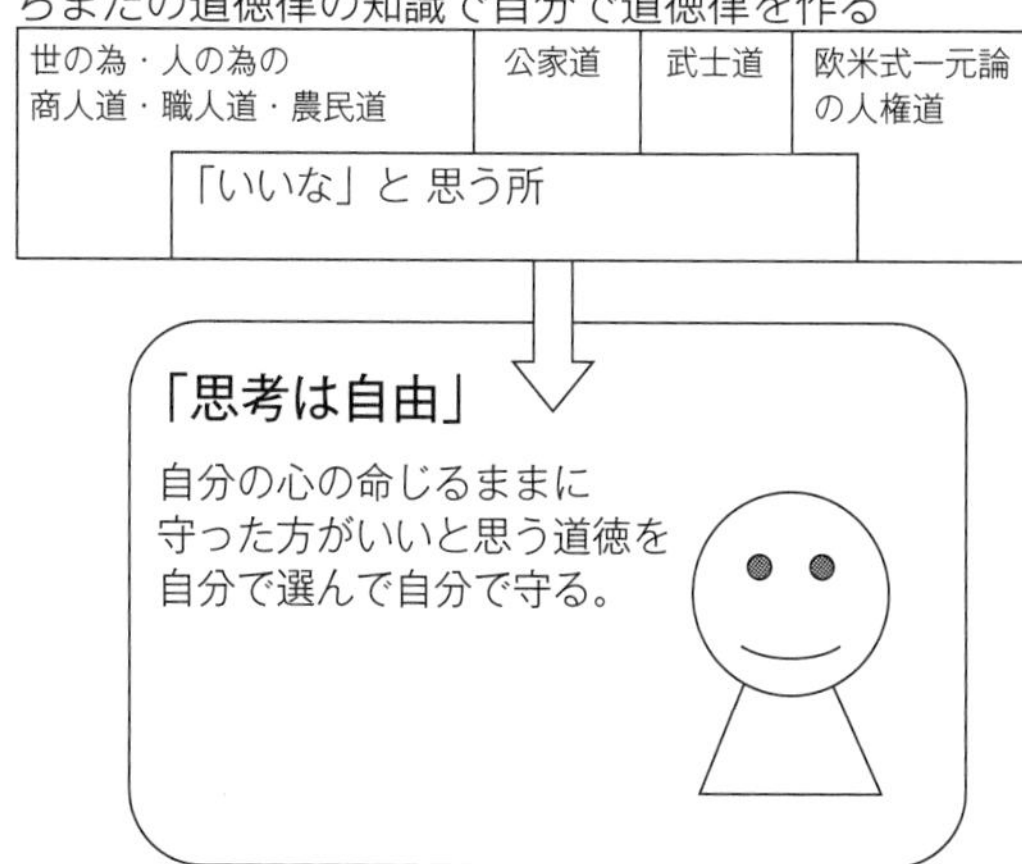

（注：前川元次官の「面従腹背」即ち自分の発言と行動の自制は、職務を果たす為であって、私腹を肥やす為ではなかったと思います。）

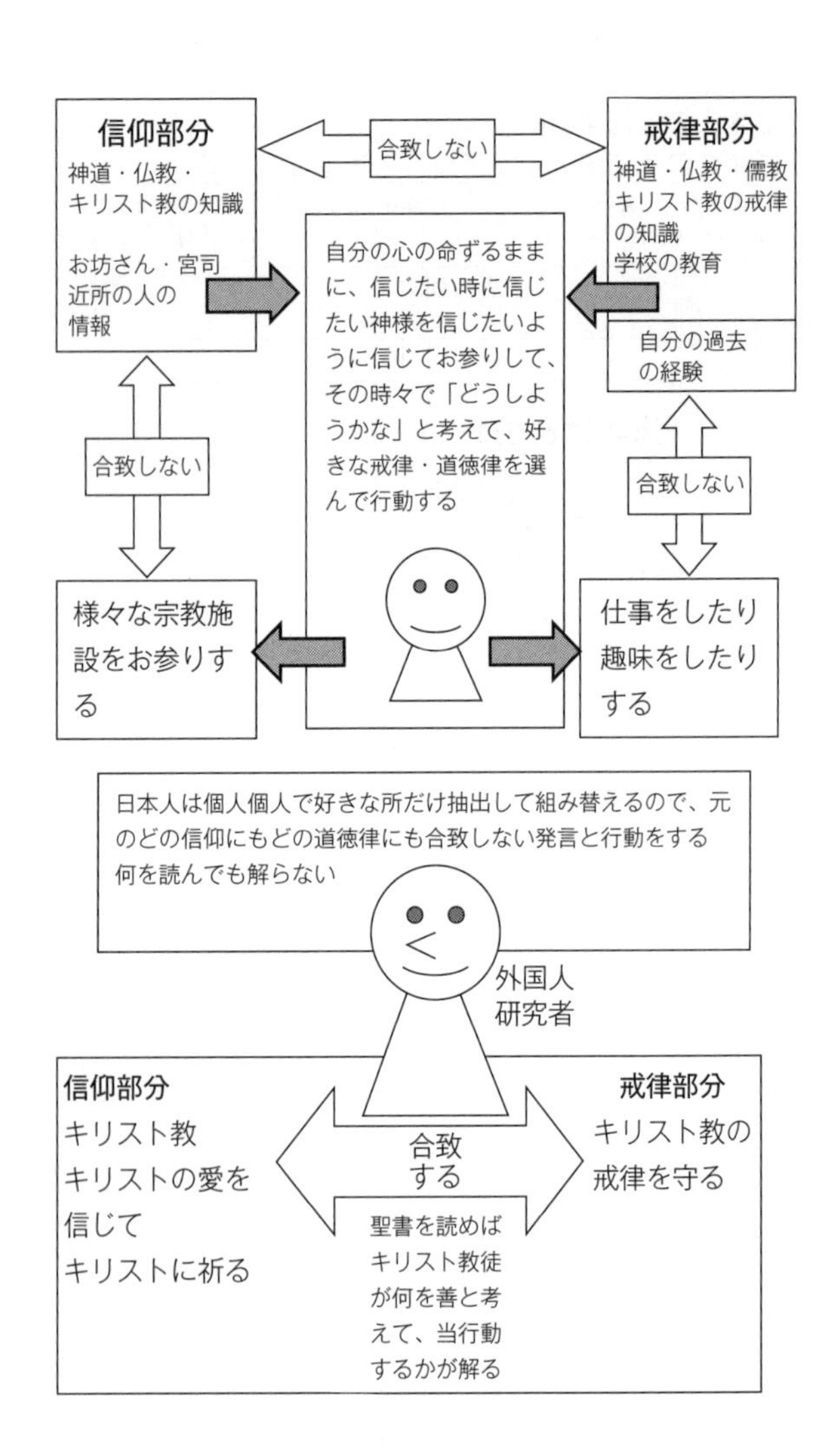
信仰部分
神道・仏教・
キリスト教の知識
お坊さん・宮司
近所の人の
情報
合致しない
戒律部分
神道・仏教・儒教
キリスト教の戒律
の知識
学校の教育
自分の過去
の経験
自分の心の命ずるままに、信じたい時に信じたい神様を信じたいように信じてお参りして、その時々で「どうしようかな」と考えて、好きな戒律・道徳律を選んで行動する
合致しない
合致しない
様々な宗教施設をお参りする
仕事をしたり
趣味をしたり
する
日本人は個人個人で好きな所だけ抽出して組み替えるので、元のどの信仰にもどの道徳律にも合致しない発言と行動をする
何を読んでも解らない
外国人
研究者
信仰部分
キリスト教
キリストの愛を
信じて
キリストに祈る
合致
する
戒律部分
キリスト教の
戒律を守る
聖書を読めば
キリスト教徒
が何を善と考
えて、当行動
するかが解る

第七章　日本は平和な共生をめざし、世界一の長寿国になった

一 「自由」と「戦い」と「共生」の関係

戦いの種は自由です。例えばある土地を、AさんもBさんも欲しいと思って両者が「自分のモノだ」と主張すると、争いになります。

ですから平和裏に共生する為には、《何か》で自由な願望・自由な意思を抑制する必要があります。AさんとBさんの間に入って、**両者に「暴力で相手をやっつけて、自分の願望を実現させるのはやめよう」と決心させる《何か》があれば、意見対立があっても平和裏に共生する事が可能になる**からです。

外国ではこの《何か》は、政治権力者や神の代理人、そして法律です。即ち、自分自身の外にある勢力によって、自分の自由意思や願望が制御されます。

一方日本では《基準》がないので、《何か》は自制心です。日本では自分自身の内なる力で自分の願望を制御します。

もっともこのつかみは大まかなモノで、外国にも自分の願望を自制する人は沢山います

が、社会の基本が「個々人の自制心に依っている」日本とは自制する人の割合が違います。

例えば、災害が発生するとよく外国では店舗が略奪されますが、日本ではこの略奪行為は起こりません。これはなぜかといえば、外国では「店舗から略奪したい」という個人の自由意思を抑えているのが警察力だからです。警察の手が回らないと判断された時には「店舗から略奪したい」という自由意思が解放されて略奪が発生します。

一方日本では「店舗から略奪したい」という個人の自由意思を抑えているのは、個々人の自制心です。警察もいますが、各個人が略奪しないのは「警察に捕まるから」ではなくて、自分で「略奪してはいけない」と自制するからです。この為に、災害などが起こった時に警察力で店舗を守れなくなっても、店舗の略奪が発生しないのです。

このように、個人の自由意思の発露と平和な共生は、矛盾するので両立しません。現実には自由意思が、他人（警察）か自分（自制心）に抑制されているから、人間同士が平和裏に共生する事ができています。

文明圏の分類では、《何か》は《基準》です。皆が同じ《何か》に対して自由意思を封印する時、同じ《何か》を持つ人達は平和に共生できるからです。そして《何か》＝《基準》が違う時には自由意思の抑制が困難になるので、文明同士が分立するのです。

二　国際社会は、戦いで決着をつける時代から、共生を目指す時代へと変化を始めた

欧米流の感覚ですと「自由」とは至高の権利のような気がします。

しかし、その自由な意見が戦いの元です。

例をあげれば「イスラエルはユダヤ人の土地だ」というユダヤ人の自由な意見と「イスラエルはパレスチナ人の土地だ」というパレスチナ人の自由な意見が、中東のパレスチナ紛争の元です。

このように自由な意見が対立している案件は、世界中に沢山あります。

日本人は「北方領土は、日本の領土だ」という意見を出しますが、ロシア人は「北方領土はロシアの領土だ」という意見です。二十世紀の末に戦争状態になったバルカン半島の旧ユーゴ地区では、今も「コソボはセルビア人の土地だ」「コソボはイスラム教徒の土地だ」等々、様々な意見の対立があります。

このような自由な意見の対立状態の中を、どちらか一方の勢力が武力で方を付けようとして相手方に攻め込むと戦争になります。二十世紀半ばまでは、大抵の意見対立が戦争で片付きました。勝利した方の「〇〇は我々の土地だ」という意見を戦争に負けた方が生き残る為に受け入れたからです。

しかし国連で人権宣言が採択されたり、自由が至高の権利になったりした結果、戦争に負けて追い出されても、自分の意見を持ち続けられるようになりました。

第一次〜第四次までの中東戦争で負け続けたパレスチナは、十九世紀までだったら「戦争に負けたのだから、イスラエルはパレスチナ人の土地ではない」と誰もが認識してたでしょう。

ヨーロッパから押し寄せた異教徒に国を奪われたのは、パレスチナ人だけではありません。南北アメリカ大陸にいた人達は土地も命も奪われました。南北アメリカの乗っ取りは二十世紀までの事だったので、戦争に負けた人達の自由意思は無視されました。

即ち、この頃は戦いによって決着した後は、負けた方の自由意思は亡きモノにされて、勝った方の自由意思で共生する事になっていました。

ところが第二次大戦を経て、とにかく戦争は悪いという事になり、国際的には自由と戦いと共生のバランスが変わったのです。

こうしてパレスチナ人は、戦争に負けても自由な意見を持ち続ける事が許容されました。この結果、現状ではイスラエルのユダヤ人とパレスチナ国家の内外のパレスチナ人は、それぞれ全く別の意見を持ちながら小競り合いを繰り返して共生するという、不安定な状態を維持しています。

旧ユーゴ地区でも一触即発に近い状態で、セルビア人勢力とイスラム教徒クロアチア勢力が、互いに「相手方が悪い」と憎悪を忘れずに共生しています。

なぜこのように国際的な常識が変化したのかについては、正確な所は私には解りません。ただ、「自由こそが至高の権利だ」と欧米の価値観が変化した事も、一因であろうと思います。

欧米社会で「自由」を表す名言とされているヴォルテールの言葉は、「私はあなたの意**見には反対だ。だがあなたがそれを主張する権利は命をかけて守る**」です。

また、十七世紀の英国の政治哲学者ホッブズは、「**他人が、彼に対して持つ事を彼が許すような自由を、他人に対して自分が持つ事で満足すべきである**」と述べています。

ヴォルテールとホッブズのいう自由な社会とは、「**自分の意見と相手の意見は違う。両論があるのが自由な社会**」とまとめる事ができます。

この自由の定義は**日本文明の、「衝突しない自由意思」**と同じであります。

このヴォルテールの言葉の通りに「イスラエルはユダヤ人の土地だ」というユダヤ人の自由な意見をパレスチナ人が守護して、「イスラエルはパレスチナ人の土地だ」というパレスチナ人の自由な意見をユダヤ人が守護すれば紛争は収束に向かうでしょう。

ユダヤ・パレスチナの両者が「私はあなたの意見には反対だ。だがあなたがそれを主張する権利は命を懸けて守る」と言って、ユダヤ人にテロを仕掛けるパレスチナ人をパレスチナ当局が取り締まり、逆に新たにパレスチナ人の土地に入植しようとするユダヤ人をユダヤ人が止めれば、イスラエル地方も少しは衝突が減るはずだからです。

そうなれば素晴らしい。

とするとヴォルテールやホッブズの言葉は、「**自由とは何か**」ではなく、外部勢力に自由意思を抑圧させるのでもなく、個々人が自制するのでもなく、「**互いに相手の自由意思を守る事で、自由でありながら平和な共生を実現させる為の提案**」であると言えます。

しかし現実には、**自分とは反対の意見を命を懸けて守る人**よりも、**自分の賛成する意見（＝正義）を命を懸けて守り反対する意見を攻撃する人**の方が沢山います。だから、戦いが悪いといわれて、パレスチナ人の中にはテロ攻撃で戦い続ける人が後を絶ちません。

もっともこれは、当事者であるパレスチナ人が戦争に負けても気が変わらなかったという事で、擁護者のアラブ諸国は第四次中東戦争を最後に、十九世紀までの戦争の原理「敗者は退く・沈黙する」の影響で直接的な関与はやめてしまいました。

ユーゴ戦争の時にも、ドイツはクロアチアの意見が正しいと判定してクロアチアに加勢し、米国はイスラム教徒の意見が正しいと判定してイスラム教徒に加勢し、ロシアはセルビアの意見が正しいと判定して目立たぬようにセルビアに加勢しました。この結果、それぞれの勢力が擁護者から武器援助を受けて、ユーゴ戦争が始まりました。

しかし欧米もロシアも直接介入して米ロ戦争をする気はないので、アラブ諸国のように「もうあまり関わりたくない」と態度を変えました。この結果、今もユーゴではクロアチア・イスラム・セルビア三つの相反する意見が存在する、冷たい平和が続いています。

即ち、欧米ロは、直接の全力戦争をしたくないので「他人が、彼に対して持つ事を彼が許すような自由を、他人に対して自分が持つ事で満足すべきである」という所に落ち着いているようです（注：対中国は、また別ですが……。）。

日本の北方領土問題については、国際社会が日本とロシア両方の意見が存在している事を知っていても、どの国も逃げ腰なので、国際的な紛争にはなっていません。

言葉を変えると、ユーゴ紛争に本格的に巻き込まれたくないので、世界の大国は自分の意見通りにならなくても放っておく事にしたのです。そして日ロの北方領土問題にも関わり合いになりたくないので、米国もヨーロッパも沈黙しているのです。

ここで前に戻りますが、「私はあなたの意見には反対だ。だがあなたがそれを主張する権利は命を懸けて守る」という事は、社会の中に○×△□の意見がある状態を維持する事になります。それは即ち、社会の中に○×△□の意見があっても放っておく事です。○は許さぬ、×は殺すと攻撃しない事です。

人の心は自由なので○×△□のどれがいいかは、個人個人の心に浮かんできます。「○がいいと思う」「×がいいと思う」という自由な意見は、社会の中に自然に発生します。ここで社会が正邪善悪の判定をしてしまうと、その社会の中の反対意見の人達が抑圧をされますし、反対意見の他国と軋轢が生じて最悪だと戦争になります。

とすると、崇高なる自由の定義の「私はあなたの意見には反対だ。だがあなたがそれを主張する権利は命を懸けて守る」「他人が、彼に対して持つ事を彼が許すような自由を、他人に対して自分が持つ事で満足すべきである」とは、次のようになります。

自分の賛成する意見（＝正義）を守り反対する意見を攻撃したくなるのは人情だが、それをやっていると強いモノの意見が正義になり弱いモノが抹殺される。だから、自由に意見が言える社会であるには、自分が気に入らない意見は「勝手に言ってくれ」と放っておくのが一番である。即ち、正邪善悪は個人の自由として、社会が善悪を判定しない時に、自由な社会が維持されます。

このように《基準》が定める社会的な正邪善悪に従って共生してきた欧米社会では、この方式では結局は強者によって弱者が抑圧される、つまりは個人の自由意思が社会によって抑圧される事になる為に、「自由を至高の権利として、社会が自由な意見を抑圧しない」事にしたのです。

結果、対立する自由な意見が小競り合いを繰り返しながら共生するイスラエルや、一触即発の危ない平和のユーゴスラビアの現状を作り出しているのです。

つまり、自由を至高の権利として追求した欧米社会は、「十七条の憲法」で個人の自由意思を束縛するのは不可能だとあきらめた日本文明の、衝突しない自由意思と同じ、善悪がはっきりしない玉虫色の現実社会を作り出しているのです。

三　欧米社会は、戦争決着から共生を目指す時代へと変化している途中である だから今も、善の名による自由の迫害は続いている

自由を至高の権利として、社会が自由な意見を抑圧しない事にした欧米社会では、イスラエルやユーゴで新しい現実を作り始めました。しかし、千年余りの間「キリスト教という、一つの善しか生き残ってはいけない」という社会で生きた欧米の人達の中には、今も一元論の思考方法をとる人がかなりいます。

自由を真理とすると、「自分の自由を守る為であっても、他人の自由を攻撃する」事は、論理的には自由の迫害になります。しかし、一元論者は、悪い人を批判する事は善を広めようとしているのだから、良い事をしていると感じるのだろうと思います。ですから一元論者の人達は、自分が他人の自由を実際に迫害しても、自分が他人の自由を迫害しているとは感じないのです。

「自由の迫害」と「善をなす」は、非常に混同されやすいのです。

「自由の迫害」を具体的に言えば「あなたの考え方は間違っている。だからあなたはその考え方を変えるべきだ。考えを変えないなら、あなたは悪い人間だから、それなりの罰を受けなくてはならない」という主張です。

この思考方法によって、戦前戦中の日本社会では「鬼畜米英」に同調しない日本人が特別高等警察による取締りを受けました。この時代の日本では、現実に、自由の迫害が行われていたのです。ただ、当時自由の迫害をした人達は、日本を守る為に反対者を攻撃するのはお国の為の善なる行為だと信じて、後に悪逆とされる行為をしていたのです。

つまり社会が善悪判定をしている場所では「**悪のレッテルを貼られている人達に向かって、自由の迫害がなされます**」ので、「**社会の善悪判定が逆転すると、悪を懲らしめているつもりだった人達が批判される**」事になります。

米国でも十九世紀までは、人の頭の皮をはぐといわれたインディアンは悪魔のごときに宣伝され、インディアンを退治する人達は正義の英雄でした。それが今は善悪が逆転して、かつての英雄はネイティブアメリカンを虐殺した悪人になりました。

アメリカにおけるこの善悪の逆転現象は、かつての戦争・人種差別問題などに関する事実関係が明らかになった後、様々な問題で広範囲に発生しています。ですからアメリカ人は「自分が気に入らない他人や他国を悪魔だと宣伝して攻撃すると、後に事実が暴露されて、善悪の逆転現象が発生した時に悪人認定される」という事を知っているはずです。

現実として、自由の迫害は数十年～百年経つと悪業だと判定されがちなのですが、百年後の世間の評判を考慮して発言、行動する人は殆どいませんので、自分の正しい意見に他人が従う事が正義だと感じる一元論者は自然に他人の自由を迫害します。しかも、自分が他人の自由を迫害している事に気付いていません。

だからこそ現代アメリカの知識人やマスコミは、自分が気に入らない発言をした人をポリティカルコレクトネス（正しい政治的表現）を守らない悪人だと宣伝して、他人の自由を迫害しているのです。なぜだかよく解りませんが、現在の欧米社会は、他人の自由な発言を認めない自由の迫害者が「自分達こそが、言論の自由や人権の擁護者だ」と強硬に主張する奇妙な社会です。

これは今に始まった事ではありません。前述の通り、アメリカは昔も「先住民を大虐殺する事が正義の業だ。だから頑張って虐殺しよう」という奇妙な社会でした。

つまり、アメリカ人の表面的な発言は変わっても、「一元論で他人を攻撃して自分の意見を通したい」という人が多いという、内実は変わっていないという事なのだと思います。

いずれにせよ、戦前の日本の憲兵も、今の中国の官憲も、米国のリベラル派も、自分達は正義の為に頑張っていると自認しながら、他人の自由を迫害しているのです。

四　日本人と、外国人との話法の違い

外国の文明は、長い間《基準》の座をかけて戦い続ける常在戦場の社会でしたので、共生を目指すようになっても、多数派の人達の思考と手法は常在戦場の時のままです。

ですから千四百年前から、衝突しないで自由意思を守る道を探し求めてきていた日本人とは、思考の源が違います。この為、衝突を避ける為に自分の意見を表明しない日本人は、外国人にはとても不思議な存在です。

外国人にとっての発言と行動は、**自分の意見を他人に認めさせて、他人を自分の意見で動かす為の《道具》**です。彼らは思い通りにする為に、発言と行動を道具として使います。発言しない事には何も始まりませんので、彼らには沈黙の日本人は異常に見えます。

一方、日本人にとっての発言と行動は、**周囲の人間との軋轢を防止して、みんなで仲良く暮らす為の《道具》**です。ですから、自分の意見があったとしても、空気を読んで、その場の無事を保つ為の発言と行動を選択します。

外国人にとって発言と行動は、その邪魔者をなぎ倒してその土地を自分のモノにするブルドーザーですが、日本人にとっては、その土地を耕し柔らかくする耕運機です。

このように、発言と行動の目的が根本的に違うので、日本は外交の場で失敗を繰り返し

ています。『「武漢ウィルス」後の新世界秩序』（西村幸祐、福山 隆著、ワニ・プラス）でこんな話が語られていました。

福山　ある識者から聞いた話ですが、国連人権理事会で韓国が従軍慰安婦についてなんやかやと日本を貶める主張を展開しました。それに対して日本の大使はいっさい反論せず黙って毅然として聞いていたそうです。その席にいた外務省職員は「素晴らしい」と自画自賛した文章にまとめて、外務省に報告したという話です。その話をきいた私は、その日本の大使はバカで無能だと思いました。要するに国の為に真剣に戦う気がないのです。この大使は「沈黙は美徳だ」として、外交の場で日本の立場を堂々と弁明しない外交工作もしない。よその国は外交を戦争だとみなしています。

日本では歴史的に自制心のある人が尊敬されていました。「人の一生は重荷を負て遠き道をゆくがごとし。……こころに望みおこらば困窮したる時を思ひ出すべし　堪忍は無事長久の基。いかりは敵とおもへ。」（東照公御遺訓・抜粋）です。しかし、韓国人相手に「堪忍は無事長久の基」をやっているのは、もはや悲劇を通り越した喜劇です。

この大使の沈黙の理由を推測すると、「国家の利益の為でも、自分がみっともない口論はしたくない」ので、日本人にしか通じない沈黙で猛烈な抗議をしたのです。

大使は毅然と沈黙を通す事で、見苦しく喚き散らす韓国人を「白玉を、泥水で汚そうとする輩である」と周囲の人達に沈黙で訴えました。鋭い眼差しと崩さぬ姿勢など、全身で韓国人に対する侮蔑感のオーラを発して、周囲の空気を凍り付かせたのだと思います。だからこそその席にいた外務省職員は「素晴らしい」と自画自賛したのです。

しかし空気を読まない外国人には、沈黙で空気を凍り付かせても全然通じません。日本では声高に一方的に自己主張すると、みっともない、紳士的でないと軽蔑されます。だから大使は「そんな事はしたくなかった」のだと思いますが、これは個人の美学です。

確かに日本は完全自由社会ですから、道徳律や美学も個人のモノです。

しかし外交官は、国際慣行に照らして国全体を代表しているので、個人の美学で国家の外交を実行されたら国民が困ります。外交の専門家ならば、国際社会は「皆で口喧嘩をしよう」という社会だと認識して、個人の美学を封印して頂きたい。外国のように、言葉のマシンガンで言論戦争をして下さいとまでは申しません。でも日本刀（真剣）が無理でも、せめて竹やりを持って七人の敵への心構えをして頂きたいのであります。

こうした趣旨で「発言と行動とが、実際にどう波及してゆくか」について考えて、日本人と外国人との話法の違いを探ります。

①「多元相対論」において、人間が衝突せずに生きる為の手法・日本的思考と発言と行動

人が自由な意見を持つと、その自由な意見は、次の四段階を経て社会化を目指します。

❶第一段階　思考
❷第二段階　発言・その一「意見の表明」
❸第三段階　発言・その二「願望の表明」
❹第四段階　行動

どの段階で、他人と問題が発生するか、また人がその問題にどう対処するかを考えます。

例として、Aさんの夫婦では、夫は犬が好き、妻は犬が嫌い、と想定します。

❶第一段階　思考……いかなる「問題」も発生しません。

人がどんな意見を持っていても、それを他人が知らなければ、誰も迷惑は受けていない状態なので、苦情を言ってくる人はいません。「知らぬが仏」です。

夫は犬が好きですが、妻が犬が嫌いな事を知りません。
妻は犬が嫌いですが、夫が犬が好きな事を知りません。　【夫婦は円満です】

❷第二段階　言論・その一「意見の表明」……「問題」は発生しないはずです。

但し、精神的な葛藤を感じる人はいますので、話し合いになる場合もあります。

人が意見を表明し他人がそれを耳にしても、現実には誰も何の迷惑も受けていない状態です。ただ、意見の表明が自由なので、反対意見や違う意見を表明する事も自由です。

> 夫は「犬が好きだ」と言いました。
> 妻は「犬が嫌いだ」と言いました。
> 【夫婦は喧嘩になりません】

この時、耳に入ってきた意見によって気分を害した事を、迷惑を受けたと認識して、批判や苦情を発すると葛藤が生じます。この場合「その意見は『悪い』意見だから、言ってはいけない」という主張になります。実際に迷惑は受けていないので、聞きたくないと感じた人は「悪い」とするしか批判する手段がないからです。「嫌だから、悪い」という中身のない議論なので、話し合いになっても紛糾するだけで解決は見込めません。

夫が、「妻が犬が嫌いな事を許せない（悪い事だ）」と批判しました。
妻が、「夫が犬が好きな事を許せない（悪い事だ）」と批判しました。
【普通、こんな場合は「口喧嘩」になります】

口喧嘩の結果、夫婦の嗜好を「犬が好き。又は、嫌い」に統一できれば「問題」は解決しますが、「犬の、好き・嫌い」などの感情の変更はできません。Aさん夫婦の犬への感情が違うのは、誰にもどうする事もできない現実なのです。

その、誰にもどうする事もできない「現実が嫌だ」と、自分で問題を発生させると、本来問題がない所に問題が発生します。

この論法は「十七条の憲法」理論に基づく日本的論法ではありませんが、人の心は自由なので、日本にもこの論法をとる人は少なくありません。

❸第三段階　言論・その二「願望の表明」……「問題」は発生しないはずです。

但し、将来の予測がつくので、阻止行動が起こされる場合があります。

人が願望を表明して他人がそれを耳にしても、現実として迷惑を受けていない状態は続いています。但し、願望が表明されれば、それが実行された時に、現実に迷惑を受けるのか否かの予測がつきます。この予測に基づいて、耳に入ってきた意見によって自分が迷惑を受けないと認識すれば、人は積極的な反対意見は言いません。逆に、迷惑を受けると認識すれば反論します。阻止行動を起こす場合もあります。

夫が、「犬を飼いたい」と願望を表明しました。
妻が、「犬を飼いたくない」と反対を表明しました。
【普通、こんな場合は「話し合い」になります】
但し、「犬を飼えば、夫は満足。妻は不満」
「犬を飼わなければ、夫は不満。妻は満足」
どちらを選択しても、夫婦の一方は不満です

❹第四段階　「行動」……「問題」が発生する場合があります。すると話し合いになります。
実際の行動がとられると、実際に「迷惑を受ける」人が現れて衝突が発生します。

夫は、妻が犬嫌いなのを知っていながら、犬を家で飼い始めます。

妻は、夫が好きで飼っている犬を家から追い出します。

【普通こんな場合は「酷い喧嘩」になります】


但し、衝突を回避する行動もあります。互いに相手の意見を尊重して、思いやりを持ち、話し合いをすれば、衝突を回避し、「問題」を解決する事ができます。


犬を飼う場合、妻の気持ちを尊重し、話は夫がする。庭で飼って家に入れない。

犬を飼わない場合、妻は自分を思いやってくれる夫に感謝する。

「夫は犬が好き。妻は犬が嫌い」でも、仲良く暮らす方法を、互いに相手に思いやりを持って話し合いで見つけます。


そして、話し合いで決まった事を順守して、意見が違う相手同士が互いに受容できる範囲で行動するならば、意見が違っても衝突する事なく共生できます。

●自由な意見を持っていても、衝突しない言論方法は「十七条の憲法」が推奨している

人が自由な意見を持つと、第二段階で「葛藤」が始まり、第三段階で「論争・阻止行動」が発生して、第四段階で「衝突」に至る場合があります。

十七条の憲法理論は、各段階での問題解決策を提示しています。

●「意見の表明」での対策

人の意見が自分と違っても、怒ってはいけない。顔に出してもいけない

●「願望の表明」での対策

関係者全員で、互いに相手の立場を思いやり和らいだ気持ちを持って、よく話し合えば自然に物事の道理にかなう

●「行動」での対策

物事は、独断で決めてはいけない。必ず皆で論議して決めなさい。衆議に照らして、賛成反対の意見を集約して、結論を得るならば、物事は成就する

自由な心の命じるままに行動すれば、人間社会には衝突が自然発生します。

なぜなら、「心」は意思の力で変える事ができないからです。

けれど、「言論」や「行動」は、意思の力で変える事ができます。

言語は、自分自身の意思を相手に伝える為の「道具」です。人間は自分の思いを、言語を道具として使い外に発しますが、「自然に生まれた思いをそのまま外に出すべきでない」と自分で判断したら、外に出さない事もできるのです。

行動も同様で、意思の力で、自分の思いとは別の行動をする事ができます。その行動をしない事もできます。

即ち、自分の意思で衝突を回避すべく発言して行動すれば、衝突は防止できます。

しかし互いに自制し合って沈黙を通したら、睨めっこになって話し合いが成立しません。だから日本の話法では、空気を読む・相手の腹を探る等々の、衝突を発生させない発言技術が求められます。

②一元論・二元論の社会では、「自分の望む社会で生きる為には、自分の意見を社会的《善》に一般化する」必要がある。この為に発言と行動は、反対者を駆逐する為に使用される

一神教の世界では、人々が神様の教えを信じているはずだと仮定して、その教え（戒律）に従う発言と行動をする事で秩序が維持されます。意見対立が発生しても、神の代理人が「こちらが正しい」と裁定すれば、みんなが従うので秩序が維持されるのです。（内心はどうあれ）反対派の人達が、発言と行動を控えるので安寧が保たれます。

この流れで、現在でも欧米諸国では、社会的な《善》には従うべきであり、従わない者は《悪》であるという感性で社会が動いています。

このような社会構造の中で、自分の意見を自由に発言する為には、自分の意見が、（自分だけでなく）社会一般にとっての《善》なる意見だと公認される必要があります。この為に、人々の心に自分の意見を社会的な《善》にしたいという「願望」が生じます。

この自分の意見を《善》にして、自分に反対する意見を《悪》にしたいという「願望」を、前段の例示に当てはめて事の成り行きを想定すると、次のようになります。

夫が「妻が犬が嫌いな事を許せない（悪い事だ）」と批判しました。
妻が「夫が犬が好きな事を許せない（悪い事だ）」と批判しました。
【普通、こんな場合は「口喧嘩」になります】

本来は、どれほど口喧嘩をしても「犬の好き・嫌い」などの感情の変更はできません。しかし、「どちらの意見が《善》か」を決めなくては収らない論戦になると、負けた方は《悪》になります。私は女性ですので、妻が勝った事にしたいのですが、話を進める為に「夫が勝った」事にさせて頂きます。

A家では、犬が好きな事が《善》になりました。
夫は、「妻にも、犬が素晴らしい事が解って良かった」と喜び、
我が家では《善》がなされたと考えます。
妻は、《悪》のレッテルを貼られたくないので
「犬が嫌い」と発言しなくなります。

この状況では妻は「犬が嫌い」と発言しないだけで、嫌いな感情は変わりません。

しかし、発言されない意見（感情）は、夫には伝わりませんから、夫が一歩進んで犬を飼うという「行動」もしやすくなります。

夫は、犬が好きな事が《善》なる我が家で、犬を飼います。
妻は、犬が嫌いな感情を隠して、我慢します。

「行動」がなされると、状況が変わりますので、ここで犬の世話という新たな問題が発生します。対処方法は二つあります。

1　夫が、（空気を読んで）犬の世話を自分でする。
　妻は、犬の存在を「我慢する＝無視する」

2　夫が、犬の世話という「行動」を妻に強制する。
　妻は、夫の見える所では、夫の望む「行動」をする。
　　夫に見えない所では、犬が嫌いという感情のままに「行動」する。

人間は、やりたくない行動を他人に強制されると、自分の自由を侵害されたと感じます。善悪論争で敗北しても、自分の意見や感情が悪かったと罪悪感を持つ事は「普通」ありませんので、自由を侵害されていると感じるのです。

そして自分の意見は隠しておいた方が良いと判断する間は沈黙する事を選択しますが、我慢の限界を超えると、自分の自由意思の侵害する偽善者こそが悪人だと感じるようになります。

即ち、嫌な発言や行動を強制され続けて被害者意識が芽生えると、今、社会的に善の立場にいると威張っている人達こそが、真の悪人だと思考するようになります。そして、社会的善悪の逆転現象を引き起こしたいと望むようになります。

AさんBさんの意見の善悪論争と
他人の善悪を強制される事による、善悪の逆転現象の帰結
↓Aさんが勝利する＝Aさんの意見は《善》で、Bさんの意見は《悪》になる
↓Bさんは沈黙する。Aさんの意見を《善》だと認識する事を強制される。
↓Bさんは自由意思を侵害される。

↓Bさんの心に被害者意識（恨み）が生まれる。

↓BさんはAさんに対する恨みから、「Aさんは悪人だ」と感じるようになる。

↓Bさんは「Aさんは悪人だ」と主張する。

↓喧嘩を売られたので、Aさんは「Bさんは悪人だ」と主張する。

AさんBさんの「意見」の善悪論争から、互いに相手は「悪人だ」という主張に変わる。


人の心は自分でも制御不能なので、自分の意見を他人に押しつける事は不可能です。少し前に堀江貴文さんが「人の心は、金で買える」と意見して物議を醸した事がありますす。しかしお金で買えるのは、発言と行動だけです。お金を出せば、その時その場で、その人物から聞きたい発言を引き出して、その人物にやって欲しい行動をしてもらう事はできます。しかしその時その人物が、内心何を考えているかは解りません。またその後自分がいない所で、その人物が何を発言してどう行動するかも解りません。

即ち、お金や政治的圧力で、外から見える心（発言と行動）を変える事はできます。しかし、外からは見えないその人物の本当の心は変わらないはずです。

ですから、《基準》を決めて秩序を維持する場合、常に社会は《基準》に従わない人々を見つけて排除してゆかねばなりません。従わない人々を野放しにすると《基準》の権威が消失しますので、常に従わない人々を処罰・粛清しなくてはならないのです。

ですから、《基準》を守らせる為の余分なコストがかかる上に、社会は常に緊張しゴタゴタが絶える事がないのです。現在中国では、治安警察を全国に配置して、監視カメラを国中に設置した上で、ネットの監視もしています。こういった治安維持予算は、軍事費よりも巨額だそうです。

少数派の人達の発言に気分を害する事があっても、「勝手に言ってろ」と聞き流して、取り締まりなどしない方が社会的コストは安く済みます。江戸時代に、与力二十五人・同心百人ずつの南北奉行所で江戸市中の治安を維持できていたのは、（過激な幕府反対論以外は目こぼしして）、言論統制に血道をあげなかったからのような気がします。

③日本と外国との話し合いの目的の違い

国民性をネタにするジョークに、「国際会議を取りまとめる議長に必要な能力は二つ。インド人を黙らせる能力と、日本人に話をさせる能力である」というモノがあります。

つまり、ジョークになるほどに日本人は国際会議で発言しないようです。

これはなぜかと言えば、日本にも一応は「これが良いだろう」という案はありますが、最終的な本音の所は「日本がよほど困る事にならない限り、皆が良ければそれでいいや」なので、まずは「みんなどう考えているのだろうか」と聴いているからです。

その次に「では日本はどうしようか。自分が良いなと思う事を主張しようか？　それとも沈黙を続けようか？」と悩みます。結局は、日本が困る事にならなければそれで良いので、何も言わなくてもその方向に進むようならば沈黙を選択したり、「皆さんの宜しいように……」などと言ったりします。日本が発言するのは「これはやばいぞ」という時だと思いますが、それでも国際会議を分裂させないように気を使って発言するはずです。

つまり日本人には「A案の方が良いと思いますが……」と口では言っていても、本音の所では「A案では決裂するのならば、B案でも仕方がない」と覚悟して発言する人が少なくありません。こうした発言の仕方をするのは、ほぼ日本人だけです。

この為に、よく外国人から誤解されます。

ビジネスの場面でも、日本人の言い回しはつかみ所に乏しく、主張の要点がどこにあるのか解らないとたびたび指摘される。「日本人は言う事と思っている事が違う。何を考えているのかさっぱりわからない」と評される事が多い。『世界の日本人ジョーク集』（早坂 隆著・中公新書ラクレ）

これは外国人が「A案が良い」と言えば、そのまま「A案にしたい」なのに対して、日本人の場合には「A案が良いと思うが、決裂するならばAB案でも仕方がない。B案ならば決裂させた方が良いだろうか？ それともいったん受けて、時間をかけてA案に近づけるように努力すべきだろうか？」と、深層心理の所で、話し合いながら「どうしようか」と悩んでいるからです。

即ち、外国人が日本人と話し合っている時に、「何を考えているのかさっぱり解らない」のは当然なのです。何しろ日本人は話し合いながら悩んでいて、自分でも「どうしたら良いか解らない」のです。つまり、当の日本人にも解らないのに、話し相手の外国人に「日本人が「何をどう決断しているのか」解るはずはないのです。

多くの場合日本人は、話し合いの最後まで結論を出さずに悩み続けます。話し合いの最中には自分が「どうするか」を決めません。ですから、相手がエスパーであっても、話し合いの最中の外国人には日本人の意図が見えるはずはないのです。

日本的話し合いでは、お互いの主張をすり合わせて、問題の解決を図る為に話し合います。ですから、伝統的日本社会では、言葉では「A案を採用するか、それともB案か」と話し合っていても、その内側は「A案・B案をどのように活用したら、皆で仲良くできるか」であります。

一方、外国では、話し合いではなくて討論を行います。最初から自分の望む問題解決方法を持っていて、互いに相手方を言い負かそうとします。だから討論なのです。

もっとも、日本人の中にも外国人のように最初から自分で結論を出して、相手を言い負かそうとして議論をする人もいますので、国内の言論の場でも、伝統的日本人と外国人的日本人が議論をすると、話がかみ合いません。

つまり、その出席者の目的の違いによって同じように会議をしていても、仲良くする為に話し合う場合と、相手を言い負かす為に議論する場合があるのです。話し合いと討論とは全く違いますので、会議の場では、相手の目的を見極めて、言葉の応酬をしたら良いと思います。そうすると、言葉の応酬の時にも余分に悩む必要はなくなります。

④日本人は、日本と外国の議論の目的の違いに気付かず、よく国際社会で失敗する

日本側は仲良くする為に話し合っているので、相手が日本を負かす為に話し合っている事に気が付いていません。こんな日本人が「何でこんな事になるのか？」訳が解らず右往左往している内に、国際的に批判される事になった有名な事案としては、慰安婦問題と南京問題があげられます。

ここでは慰安婦問題を例にして、日本人が外国人を理解せずに話し合いを続けている事と、外国人が日本人を理解せず討論している事を説明します。

つまり、日本が国際的な常識から外れている事を示します。

●なぜ慰安婦問題で、日本が批判される羽目に陥ったのか？

その主たる理由は、日本だけでなく、韓国も国際的な常識から外れているからです。

《韓国が、国際常識から外れている点》

国際社会の普通の人は「強制連行の事実がないのに、被害にあった」と国際社会に訴える国があるとは信じられないので、訴えている以上「何かはあった」と考えます。

《日本が、国際常識から外れている点》

国際社会の普通の人は「強制連行の事実がないのに謝罪する」国があるとは信じられないから、謝罪した以上「何かはあった」と考えます。

外国人の目から見ると日本が不思議の国であるのは、強制連行の事実がないのに謝罪する事を選択する国だからです。ですから、「なぜ、河野談話を出してしまったのか？」を解明する事が日本の不思議を解明する事になります。

●なぜ河野談話を出してしまったのか？

韓国人の自称元慰安婦の有名な証言に、次のようなものがあります。

> ●「台湾にあったのは民間の売春宿で慰安所はなかったが、その台湾で慰安婦として虐待されたという証言＝そこになかった慰安所で虐待されたという証言」
>
> ●「日本軍のインドネシア占領は一九四二年二月から三年半なのに、一九三六年頃から七年間、インドネシアの慰安所で虐待されたという証言＝そこにいなかった日本軍に虐待されたという証言）」

普通の日本人の感覚では、自称元慰安婦の証言を聞くと「なぜ、そんな見え見えの嘘が言えるのか?」、また、欧米人が「なぜ、そんな見え見えの嘘に騙された振りをして、日本を批判できるのか?」が解りません。

しかし、訳が解らなくても国際社会が日本を批判しているのは《事実》です。ですから、変だなと感じても、《事実》をあるがままに受け入れて善処したのが「河野談話」です。「河野談話」は「謝罪すれば、日本への批判をやめます」と言われたので、不本意だったけれど「談話を出せば状況が改善する」と勘違いして出してしまったモノです。

実際日本の常識では、河野談話が出ればそれで終わります。日本の常識と韓国の常識は逆だという事を、外交当局が無視したとは驚くべきマヌケさですが、とにかくこの勘違いによって慰安婦問題は泥沼化しました。

こういう場合の日本的対応は、「十七条の憲法」の第十条の勧めに依っています。

人の意見が自分と違っても、怒ってはいけない。顔に出してもいけない。人間には皆心がある。相手がこれといっても自分は違うと思う。自分がこれといっても相手は反対だという。立場によって意見が変わるので、物事の正邪は、誰にも決める事はできない。……

だから、相手が怒っていたら、自分に間違いがあるのではないかと、恐れなさい。自分がこれだと思っても皆の意見に従って、行動しなさい。

自称慰安婦から「あり得ない虐待で、謝罪しろ、賠償しろ」と強弁されれば、嘘を言うなという感情が当然湧き上がってきます。しかし相手は韓国人で嘘を承知で言っているのですから、嘘を言うなと言っても無駄ですし、批判すれば喧嘩になります。

一方で、第十条に当てはめると、『**韓国の意見が日本と違っても、怒ってはいけない。顔に出してもいけない。韓国が怒っていたら、日本に間違いがあるのではないかと恐れなさい。日本がこれだと思っても　韓国や米国の意見に従って、行動しなさい**』となります。

ですから、喧嘩をするか、韓国と米国の意向に沿うか（＝嘘を許さないか、西側の結束を保つか）の選択で「河野談話」で収束させる事にしたのだと推測します。

ただこれは、大失敗でした。河野談話の謝罪の言葉が独り歩きして、いつのまにか韓国人慰安婦二十万人を強制連行したという《お話》に成長してしまったのです。

これは、日本の常識と世界の常識の違いによります。

十七条の憲法の精神「和を以って貴しとなす」が行き渡っている日本には、「負けるが勝ち」という諺があります。日本では謝罪をされたら、許さない方が心が狭いと嫌厭されます。つまり、「面倒だから、謝っとけ」が効く社会なのです。だから、日本人はすぐに謝ります。謝りさえすれば、大抵は、それで済む社会だからです。

また、日本の常識では、アヤシイ証言は（謝罪がなされても）アヤシイままです。謝罪が存在しても、事実に化ける事はありません。だから、「河野談話」の中に、玉虫色の謝罪の言葉を交えれば、（日本の常識では）それですべて終わるはずだったのです。

けれど韓国では、日本と正反対の発言と行動が常識になります。

「水に落ちた犬は、棒で叩け」という諺がある韓国では、謝罪がなされたら「やった！これで始められる。もっと謝罪しろ。永遠に賠償し続けろ」となるのです。

ですから「**面倒だから『河野談話』でとりあえず謝ったのに、なぜいつまでも日本を責めるのですか？**」この論法では、日本人以外には理解ができません。

捏造して謝罪と賠償を求める韓国も、韓国に付き合って謝罪した形を作る日本も、国際社会の常識を超えています。日本が普通の国だったら怒ります。なぜ、日本は怒らないのか。それは「十七条の憲法」の「人の意見が自分と違っても、怒ってはいけない。顔に出してもいけない」という教えから、「人前で怒りを顕わにするのは、はしたない事だ」という日本の常識で、日本の常識が通じない相手に対応してしまったからです。

いずれにせよ、世界ではありえない河野談話を出した日本の対応の源は、日本文明の「十七条の憲法」です。この「十七条の憲法」の精神が、キリスト教を母体とした欧米型の民主主義の理念と似て非なるモノであるがゆえに、日本は時として、（意図する事なく）国際常識から外れた事をして、不利な立場に追い詰められる事を繰り返してしまうのです。

★日本人と韓国人の「嘘を吐くこと」の概念の違い

「韓国人は息を吐くように嘘をいう」という言葉があります。これは、韓国では言葉を交わす目的が、相手に勝つ為だからです。日常生活でも常に言葉の戦争をしていて、相手に勝つ為に、慰安婦話のように《嘘》を武器として使っているのです、だから息を吐くように嘘が出るのです。しかし、韓国人の嘘には悪気は全くありません。

一方、日本では言葉を交わす目的は、仲良くする事にあり、嘘をつくと相手から信用されずに仲良くできなくなるので、嘘はご法度になります。また、意見が対立する双方が仲良くする為に話し合う時に、両者が話し合いの土台にできるのは《事実》しかありません。

対立していても双方が認めざるを得ない《事実》をもとにするから、そこに信頼が生まれて話し合いが進んでゆきます。

即ち日本では、仲良くする事が目的なので、嘘が忌み嫌われて、事実に化ける事がないのです。

⑤話し合いが成立しない相手とは、「仲良く」共生する事をあきらめるしかない

人の心は縛れません。「○○が好き・嫌い」「○○したい」「○○だったらいいな」という感情や願望は自然に心に浮かんできます。ですから人間社会が「個人の自由意思を守る」と決心すれば、社会の中に「自由な意見が沢山ある状態」になります。

この自由な意見が沢山ある状態で、平和に共生するには、それぞれの個人が「意見が違ってもいいや」と気にしないで放っておくしかありません。

Aさんは、トランプさんが好き。Bさんはバイデンさんが好きだったとして、二〇二〇年の米国の大統領選挙の後で、AさんがBさんに「おめでとうございます。はっはっは」、BさんがAさんに「いやー、ありがとうございます。今回は接戦でした。お互い頑張りましたね。はっはっは」というふうに話が進めば、アメリカ国内はみんなニコニコ、平和に共生ができているはずなのです。

ところが結果が出ても、Aさんが「やっぱりトランプさんがいい。バイデンは嫌だ」とデモをしているので、アメリカ国内が騒然しているのです。もっともトランプ政権が続いていた間、Bさんは「やっぱりトランプは嫌だ」と文句を言ってデモをしていましたので、お互い様です。

このように「自分の意見が通らないのは、嫌だ」とごねると、自由な意見がそれぞれ平和に社会に存在している状態から、自由な意見が対立する状態になります。

意見が対立した場合、選択肢は五つあります。

❶口喧嘩をし続ける。
❷本当の喧嘩をする。
❸相手の意見を採用する。
❹話し合いで、対立を解消する。
❺仲良くするのをあきらめる（逃げる・沈黙する・別の生き残り策を探す）

この中で、❶と❷では平和な共生を放棄する事になりますので、日本では推奨されません。「十七条の憲法」では争いを避ける為に、❸と❹を進めています。

❺の選択は、私の創作です。私は、自分の経験から、相手の意見を採用すると却って状況を悪化させる時で、さらに相手が話し合いに応じない時には、「仲良く共生するのはあきらめて、別の道を探す」という事も選択肢に加えた方が良いと考えます。

❺の基本は「話し合いにならないので、対立相手を放っておくしかない」という事です

が、攻撃されている場合に座して死を待つのではなくて、第三者に働きかけて自分の立場を改善するという方法です。

何らかの利害が絡んだ場合には「意見が違ってもいいや」と放っておく事は、つまり「損してもいいや」という事ですから、自分の生活の悪化に直結します。この為に意見対立を避けようとしても、対立せざるを得なくなる事もあるのです。

即ち、和を貴ぶがゆえに、喧嘩をしてスカッとさわやかになる事が忌み嫌われる日本では、その時々で❸、❹、❺の技術を駆使しながら、自由と共生のバランスを、うまくとると、自由にのびのびと生きる事ができます。

相手が言葉で戦争を仕掛けてくる場合には、いくらこちらが誠意を示そうと譲歩をしても、心が通じるようにと時間をかけて言葉を交えても無駄なので、さっさと相手に「イエス・ノーを言え」と突き付けるなり、「お別れしましょう」と身を翻すなり、仲良く共生する事をあきらめるしかありません。悩む事がすでに無駄なのです。

例えば前段の慰安婦事案が示すように、日本と韓国では人間が共に社会生活を送る為の根本的な約束事が違うので、その関係はうまく行きません。過去を振り返れば、日本と朝鮮半島は白村江の戦い（西暦六六三年）からずっと疎遠でした。貿易は細々と続いていても、国として付き合う事は、明治時代になるまでありませんでした。なんと隣国と千二百年も付き合わなかったのです。

これはなぜなのか？　付き合いたくなかったから。付き合えなかったから。どちらでも良いですが、まともに付き合えないから千二百年も付き合わなかったのです。ですから、無理する事はありません。千二百年の実績をギネスブックに登録して、「日韓はうまく付き合えない」と国際的な承認を得るべく努力する事が肝要だと思います。

別に仲良くしなくても、戦争しなければ良いのです。千二百年の間で、お互い知らんぷりの時には平和だったのですから、知らんぷりの平和でも、険悪な平和でも、冷たい平和でも、白々しい平和でも、韓国の出方次第でこちらで選べば良いと思います。

韓国の嘘に付き合わず、日本の立場を韓国以外の国に丁寧に説明して、韓国の嘘に同調しない国際世論を創るのが、日本外交のやるべき仕事です。

もっとも日本の中にも、日本的多元論で思考する人と、外国人的思考（欧米的一元論・中華的二元論）の人がいます。ですから、どうもこの人とは話がかみ合わないという場合には、思考の次元が違っている場合が多いのです。

　こうした場合は深く悩まず、この人と仲良くする方法を探すのではなく、関わらずに済む方法を探す方向に気持ちを切り替える事をお勧めします。人の心は自由なので、自分の心もままなりません。ましてや他人の心を動かす事などできません。ですから「お隣なのだから、韓国とは仲良くしたいな」と願っても、韓国人に「日本人と仲良くしたいな」と気持ちを変えてもらう事はできません。無理なモノは無理なのです。

　ですから残念だけれど仲良くはできない相手と遭遇してしまった時に、こちらサイドで唯一できる事は、罵詈雑言を浴びせられても心は傷つけられない事です。

　とは言え現実に「馬鹿、間抜け」と怒鳴られている時に、自分が傷つかないでいる為には、それなりの技術が必要です。

　その時は「えらい奴に遭遇してしまった。仕方がない。この○時間我慢しよう」と考えて、柳に風と受け流すように努力する。そして、その時間が過ぎたら、親しい友人にでも「こんなひどい奴がいた」とお酒でも飲みながら大悪口を言って、「それでも自分は我慢した。偉かった」と自画自賛して、憂さ晴らしをする事です。

　日本では、自分に都合の良い理屈を並べ立てる事を『屁理屈』と言いますが、私はこの言葉の成り立ちを想像して、心ひそかに「クスッ」と笑ったりもしています。

「屁・オナラ」は「プッ、又は、プー」と大きな音を立て、臭気を発し、周囲の注目を集めます。けれど、それで終わりです。数秒で臭気が消えれば、「屁・オナラ」を発した人が恥ずかしい思いをするだけで、元の状態に戻ります。なぜ、その「屁・オナラ」という言葉を「理屈」につけたのかと言えば、自分勝手な理屈を作り出して騒ぐ事は、周囲の賛同を集められずに、結局は自分が恥をかいて終わるので、まさに「屁・オナラ」をした時の状況の再現になるからです。

話は飛びますが、例えば、日本は輸入自動車に関税をかけていませんが、米国側は「日本でアメリカの自動車が売れないのは、目に見えない非関税障壁があるからだ。証拠はないが、何かズルをしているに違いない」とよく主張します。これは、『屁理屈』です。

ドイツ車がそれなりに売れているのは、右ハンドル車を作ったり、日本の排出基準に合わせたりと、努力をしているからです。けれど、米国側は、「日本の排出基準が、そもそもおかしい。又は、日本の消費者は、燃費を気にしすぎる。さらに、目には見えないが、絶対に非関税障壁がある」等、売れない理由を日本に押し付けています。これは消費者が自由に商品を選んで購入するという、自由経済の基本を逸脱していますので、完全な『屁理屈』です。

ですから、自動車の日米貿易交渉は、確かに、「プー」とオナラが大きな音をたてた時のように、最初、注目を集めて話題にはなります。そして、臭気を感じて、周囲の人が一瞬不快になるように、難癖をつけられた日本側は、その時は不愉快になります。けれど、「それだけ」です。

オナラを発した人が恥をかくように、難癖をつけた米国の評価が下がるだけで、これで米国車が売れる事はありません。『屁理屈』には、現実を変える力はないのです。

『屁理屈』という言葉は、本当にすごい言葉です。この言葉を作った日本の先人は、天才です。私は、その言葉を作り出してくれた先人の皆さんを尊敬し、深く感謝しています。なぜなら、私は今『屁理屈』という言葉に、大いに助けられているからです。

皆さんも、もし『屁理屈』を振り回す人に遭遇した時には、ぜひ、頭の中で「オナラ」を思い出して下さい。すると、《目の前の人が、今、「ブー」、と大きな「オナラ」をして、自分は臭いなと感じている》ような、気がしてきます。そして、可笑しくなって、腹が立たなくなるのです。怒りを感じないのではなく、「怒りはあっても、腹が立たない」不思議な感覚になります。

『屁理屈』をぶつけられると「不快」です。

「けれど、それだけです」だから、恐れる事は、ありません。

『屁理屈』をぶつけられると「不快」です。だから、「笑う」のが一番です。

韓国のように訳の解らない事を言って、言葉で攻撃してくる人はどこにでもいます。こういう人は「自分の気分が悪いから、そのイライラを誰かにぶつけて自分の気分を良くしたい」から、他人をいじめて罵詈雑言を浴びせます。自分の気分の悪さを、他人に贈って（押し付けて）、自分の気分を回復させようとしているのです。ですからその言葉の攻撃を真面目に受け取って、こちらの心が傷ついたように見せると相手は喜ぶ訳です。そしてもっとその喜びを感じたいと、次々にいじめや罵詈雑言を繰り出してきます。

この攻撃を止める為には、こちらの心が傷つかない事が一番ですので、**味方を探してみんなで「笑う」事がお勧めです。**

不運にも「私の心は痛んでいる、だからお前の心を痛めてやる」と言葉で攻撃された時に、相手の心の痛みに付き合って「心を痛めてあげる」必要はさらさらありません。「自分で勝手に不幸に沈んでいろ」と、上から目線で笑ってあげましょう。

つまり韓国に対する日本外交の正しい対応策は、正式な会議ではない、楽しく親交を深めるパーティーの場で、「いやー、韓国とは話が通じなくて困っています」とその場での《笑い話》を提供する事であります。

「日本がインドネシアに侵攻したのは一九四二年の一月なのですが、韓国人の自称慰安婦が一九三五年に十三歳でインドネシアで慰安婦にされて七年間も日本兵に虐待されたと言うんです。いくら韓国人に『いやその時に日本兵はインドネシアに居ませんでしたよ。そこにいたのはオランダ兵でした。彼女は混乱しているのでしょう』と言っても通じないのですよ。**韓国では歴史の授業で『何年に……』とは教えていないんですかね。**

第一、朝鮮半島とインドシナ半島は五千キロも離れているのです。いくらなんでも現地に若くて綺麗な女性が沢山いるのに、朝鮮半島で二十万人も嫌がる女性を捕まえて五千キロも船に乗せて運ぶような、バカげた作戦は立てませんでしたし、実行もしませんでした。

だから皆さんには、是非アメリカ軍に聞いて頂きたいですね。一隻で千人運ぶとして二百隻の輸送船です。日本の暗号通信はすべて傍受されて解読されていましたから、戦時中に慰安婦満載の二百隻もの日本軍の輸送船が五千キロも航海していたのかどうか、アメリカ軍が知っていますから……。

何しろ米国は、韓国の要請で、当時の資料を七年の年月と三千万ドルの費用をかけて全部調べたそうですから、答えてくれるでしょう。米国も質問されて答える事ができれば、何にも出なかった無駄な苦労も報われたと喜びますよ……」

というようなお話を、外交官だけでなく経済人も含めて、国際的なパーティーの場で笑い話のネタとして提供するのが、日本にとっては最善の策だと思います。

何しろ、元々が笑うしかない《お話》だったのですから……。


即ち、言葉であっても、相手から攻撃されたら防御するとか攻撃するとかしないと、一方的に負けてしまいますので、反撃は必要です。

尚、日本にも相手を言葉で打ち負かそうとする人はいます。ただ日本では少数派ですが、外国では多数派なので、日本と外国での適切な話法に違いが生じています。

五　世界一の長寿国日本

仲良くする為に言葉を使う日本は、勝つ為に言葉を使う外国が多い国際社会では、今もってうまく立ち回る事ができずにいます。しかし、それでも日本が世界一の長寿国であるという事実は、日本のやり方が「相矛盾する自由と共生とを両立させる最善の方法だ」という事を実証しています。

自由と共生は矛盾し合う関係なので、簡単には両立しません。

その中で殆どの外国の人間社会は、

❶共生する為に、《基準》の力で自由を抑圧する
❷自由に戦い合う
❸自由な戦いと共生のバランスで、戦いながら共生する

という三つの手法を、その時々に選択しながら時を歩んできました。

❶の時には平和が保たれ、❷の時には戦乱が続きました。中世から近代のヨーロッパのような状態が、❸の状態です。このように、その時代時代で、❶になったり、❷になったり、❸になったりするので、外国では国ができたり滅んだりします。

一方日本では、**『和』を保って共生する為に、個々人が自分の自由を自制する**という手法を選択しました。外国の❶に似ているような気がしますが、共生する為に自由を支配者（他人）が抑圧するのではなくて、争いになりそうな時には一人一人の日本人が自分の自由意思を封印するのです。

即ち、日本の共生はボトムアップ方式です。

だから、日本では革命が起こりません。結果、日本は滅亡しないのです。

人間社会は、自由と戦いと共生の間で揺れ動き、その中で歓喜を求めて悲劇を生み出しながら時を歩んできました。そして今科学技術の進歩によって、人々が地球上を自由に行き来するようになった結果、自由な心が地球規模で対立感情を煽るようになっています。過去の歴史と現在の経済格差などに対する人々の不満や怒りが、広範囲に文明や人種のグループに対する帰属心に結び付きかねない状態になっています。

そんな今だからこそ、私は「日本の『十七条の憲法』の精神が、相矛盾する自由と共生とを両立させる最善の方法だ」という事を、日本の皆さんに理論で理解して頂きたいと考えて、この書を著しました。そして日本のやり方を世界の人達に説明してそれが受け入れられるのならば、（百年後か千年後かは解りませんが）世界に平和が訪れるはずだ、と私は見果てぬ夢を見ているのであります。

しかし日本のやり方は解りづらくて、外からは見えづらくなっています。その上自分で自分の自由な心を抑制する＝自制するという事は、いつでも自分で自分の心の中でストレスを抱え続けるという事になります。

●伝統的な日本の「話し合い」のなりゆきの様子

皆で仲良くする事が目的の日本社会では、集団を仲良しのまま存続させる・集団を分裂させない・脱落者を出さない事が、理想となります。

この為に、必然的に保守的な前例主義になります。なぜならば、昨日と同じようにやっていれば、昨日の集団は明日も同じように存在し続けられるからです。

しかし、波風を立てずに昨日と同じにしていたいと願っても、周囲の状況が変化して、昨日と同じにやっていては、明日は同じように存在できないと集団員が認識せざるを得ない事もあります。すると集団の構成員は「これはまずい状況だ。どうしよう」と考えて、明日も集団が存続できる方法を探して、話し合いを始めます。

即ち、皆で話し合って集団を時代に合わせて変えようとするのです。

そして、周囲を見回して貴重なご意見を沢山集めて来て、「『変化A』『変化B』『変化C』『変化AB』『変化BC』どれに変化しようか」と、みんなでワーワー話し合います。

みんなでワーワー話し合うので、短期間で意見が集約される事は、殆どありません（但し、皆が「どうでもいいや」と思っている事は、誰かが「私が、やります」と言えば、その人物が責任を持つ事になるので、その人物の主張通りにすぐ決まります）。

多くの場合ワーワーやっている間にも、周囲の状況は刻々と変化するので、とにかく、「何か」をやらなくてはという結論になります。

しかし、その「何か」が決まらないから、話し合いを続けているので、大抵は、皆が「仕方ない」と思える「些細な変更」をしてみようという結論になる事が多いのです。

つまり、反対意見を無視して、大きな変化をいきなり導入しては、波風が立つので、反対者が「その位なら、いいか」と思える些細な変更を行い、「今回は前回とほぼ同じにして、ここだけを変えます」と実験的にやってみるのです。

その些細な変更で効果が上がらず、反発が強くなれば、次第に立ち消えになります。

すると、その方法を修正したり、また違う方法を、探し出したりします。
こうして「失敗」を繰り返していけば、いつかは、全体に好意的に受け入れられる、変化の方法にたどりつきます。

そして、良い方法に巡り合ったら、次のステップに進んで「今回はもう少し変えます」とまた少し変更します。変更が妥当なものであれば、沈黙していた人達が変更に対して好意的から積極的にと態度を変えてゆきます。

すると、反対していた人達も、「まあ、さほど悪くは無いかもしれない」と、変化を自然な形で、精神的に受容していけるようになっていきます。

この方式で一歩一歩変わっていって、気が付いたら全く変わっているのが、日本の話し合いの結果＝社会の変化のありようなのです。

終章　日本社会でのびのび暮らすには……

私は日本人として生まれて半世紀近くの間、日本社会でのびのび生きる方法が解りませんでした。なぜ解らなかったのかといえば、誰も言葉で教えてくれなかったからです。運の良い人は教えられなくても自然に体得できるようですが、私にはできませんでした。

その為に、学校では「日本では発言の自由・表現の自由が憲法で保障されています」と教えられたのに、社会の現場では「周囲の人達とシンクロした発言と行動をしなければ、白い目で見られる」という経験を積み重ねていく事になりました。

学校では、自由に思った事を発言しなさいと教えられるのに、自由に発言すると周囲が凍り付くので、「どうすればいいの？」と混乱していたのです。

私が日本人としてのびのびと生きる事ができるようになったのは、「十七条の憲法」の全文を読んで「そうか。日本ってこういう社会だったのか」と理解してからでした。

私の第一歩は、自由と共生は、相矛盾するので両立しない。それを知る事でした。

つまり学校で教えられた、自由・平等・国民主権・基本的人権の尊重・平和主義は、そのままでは並び立たないのです。学校では「人々が自由に自分の心を開放すれば、平和な社会が訪れる」かのように教えられますが、それは現実無視の絵空事なのでした。

人々が自由にする事で戦いが起こるのですから、現実は全く逆なのです。

こまごまとした日常生活の中でも、学校教育と現実は合致しません。

「**現実の中では**」自分は、毎日食事をして生存を確保できるように発言して行動しているのに、「思考の方では」自分の発言や行動が、不可能な絵空事に合致しているかどうか確認しており、身体と精神がそれぞれ別の命令に従っている状態なので、混乱してしまうのは当然なのでした。

学校では、「日本は自由ではないが、欧米は自由だ」と教えられます。

その理由は、日本人は、自分の意見を自制するからです。しかし「喧嘩・口論をしたくないから自制しよう」と、自分で決めるのですから、これは自由の抑圧ではありません。

日本はもともと、人の自由意思は縛れないと《**あきらめていた**》国だったので、何をどう思っていてもいい国なのでした。日本は、人に迷惑をかけない限りにおいては、何をどう思っていても、何をしようと自由だという社会なのです。

自分が、社会で評判の良い感情を持てなくても、日本文明ではＯＫなのです。罪悪感を感じる必要など全くありません。ただ、人に迷惑をかけなければ、それでいいのです。

Aさんに「そうでしょ」と同意を求められた時に沈黙していても、自分の意見を変える必要はありません。後で、そうではない行動を勝手にするのは、こちらの自由だというのが、日本社会なのです。Aさんと一緒にいる時だけ、我慢すれば良いのです。

また、出たくない会合には「気が重いけれど、○時間我慢しよう」でいいのです。そしてその時間が過ぎれば「よく我慢した。私はえらかった。立派な日本人だ」と自画自賛して、自分で《**気分を切り替える**》と、明るい気分に戻れます。

日本社会でストレスをためてしまう皆さんは、Aさんの「そうでしょ」に沈黙した時に、Aさんに反対できない立場に自分が立ってしまったと、勘違いしているのではないでしょうか？　この為に、後で不本意な行動をしなくてはならないだろうと、自分を追い詰めてしまっているのではないでしょうか？

しかしそんな事は、全くありません。日本は、仲良く共生する為に個々人が自制する社会ですが、人の心は縛れないと最初からあきらめていますので、あくまでも、その時その場だけ我慢して、後はスッキリして良い社会なのであります。

即ち、自由・平等・国民主権・基本的人権の尊重・平和主義だとかの理念に縛られなくてはいけないと思うのが自分なので、市井の一個人がご立派な理念に縛られる必要はさらさらない。自分の事は自分で決めると思えば、心は自由になります。

ここで、相手の意見を採用しても、心は自由であるという、実例を紹介します。

私は平成十二年から葬祭場を経営していますが、このような事がありました。

私達の住む地方では、かつて自宅で葬儀をしていた頃は、近所の組内の人達が中心になって葬儀を執り行っていました。この為、斎場での葬儀でも、当初は組内から「働きさん」が来ていました。総勢二十人から五十人の近所の人達が手伝いに来ていたのです。

自宅葬では、組内の「働き」の人達が、飲食の支度や接待・お寺の住職の送迎など、葬儀をとり仕切っていました。それが斎場葬になりますと料理は仕出しですので、「働き」の人達が作る必要がなくなります。その他も斎場スタッフが動きますので、仕事自体が減ってしまいます。

当初は、「働き」の人達から「何をすればいいのか」と苦情がきました。そして手持ち無沙汰になった「働き」の皆さんから、葬儀の度に「一軒から二人は、来なくていいのではないか」とか、「いや、今までずっと、これでやってきた」と様々な意見が出るようになりました。

施主さんと組内の伝統派の方々とで、意見が異なる事もありました。斎場葬をご自分で選ぶのですから、施主さんの意見は、組の皆さんの人数を減らす方向の方が多数でした。「近所の葬儀の為に、二日も仕事を休む時代ではない」という意見です。

それなのに大抵の場合、施主さんは、自分の意見よりも隣近所の組内の皆さんの意見を尊重していました。自分が支払いをする主催者でありながら、自分の意見を封印している事が、この頃の私には疑問でした。

今にして思えば、「絶対善」という物差しがない日本では、《掟》というほどに明確な決まりではなくても、「前回はこうした」という前例が、一つの大きな正当性の論拠となります。ですから、当初は、伝統維持の意見が優勢でした。

けれど、次第に組内の「働きさん」の人数は、少なくなっていきました。

そして時が流れると、伝統派の人達も、「時代の流れだねぇ」と考えを変えて、自分達の仕事を斎場職員に任せる事を、納得して受け入れる人が多くなりました。

「ずっと、こうやってきたのだ」という前例正当論に変化が起きたのです。時が流れ、近所や親戚の葬儀を斎場で経験した結果として、「こっちのやり方でも、まあいいかもしれない」に変わってきたのです。この間の時間は、十年余りだったと思います。

その頃、私は、ある事に気付きました。

それは、自分の意見よりも、隣近所の組内の皆さんの意見を尊重していた施主さん達は、自分の意見を変えた訳ではないという事です。

葬儀のやり方についての自分の意見はそのままにしておいて、組内の人と今まで通りに仲良くしていたいという、「共生し続けたい」という別次元の自分の願望を叶えたのです。

そして、自分の意見を持ち続ける事によって、年月をかけて、少しずつ賛同者を増やして、組内を分裂させる事なく、地域の葬儀のあり方を変化させてきたのです。

●「相手の意見を採用する」という結論は、「喧嘩口論はしない」という自分の意思である

多くの日本人は、今現在話し合っている問題に対して、論理で競って○と×のどちらの意見が多数派になり勝利するかという視点だけでなくて、この問題で○を採用した時と×を採用した時では、どちらの方が集団として仲良くできるかという視点からも、思考しています。

このような多元的視点で相手の意見を採用して集団の平和を守ると決める事は、自分自身にとっての前向きな選択になりますので、相手の意見を採用しても口論に負けたと感じ

ません。ですから敗北感もありませんし、自分の意見を変える必要性も感じませんので、自分の意見は自分の心に持ち続けます。そして、いつか時勢が変わって自分の意見が世に出たら嬉しいなと、希望を持ち続けるのです。

ニコニコしながら相手の意見を採用できる日本人の思考は、大体このような感じです。自然にこれを感じられる運の良い人が、日本には沢山います。この人達のおかげで、日本では「トランプ対バイデン」のような対立が起こりづらくなっています。

例えば「日本も共産主義を採用すべきだ」と議論を挑まれても、日本人には「はあー」と聞いているだけで、スーッといなくなってしまう人が多いのです。そして聞いた共産主義の話の中で、自分が気に入った所だけを採用するのです。

議論を吹っ掛けられても、相手にしないで自分の意見を持ち続けるのは、西洋的な基準で言えば卑怯な態度かもしれません。しかしそれは、「自分の意見を守りたい。だが、諍いも起こしたくない」という矛盾した二つの願望を、現実社会の中で両立させる為に、千四百年の時をかけて日本人が習得した処世術なのです。

人に褒められると嬉しくて、怒られると傷ついてしまうのは、自分の**感情が他人に依存**

しているからです。現実には他人から罵詈雑言を浴びせられても、お財布から十円が消えるとか、腕の骨が折れるといった実害はありません。ですから、その相手から自分の感情を離せれば、即ち、**感情を自立させる**事ができれば、何を言われても傷つかずにいる事ができます。

とは言え、人間は互いに助け合って生きていますので、完全に自立する事はできません。ですから、完全に感情を自立させている人はいません。また、完全に感情を他者に依存させている人もいません。

感情は、他者に依存しながら、自分自身が色々な経験を積み重ねてゆくと、少しずつ、本当に少しずつ変わっていきます。

鈴木正三の教えの通りに、一所懸命に何かをしていれば、うまくいく事も、うまくいかない事もあります。失敗する事もあります。人から助けられる事も、逆に人を助ける事もあります。その体験の中で「良かった」と感じる事、「しまった」と感じる事、「ごめんなさい」と感じる事、「ありがとう」と感じる事、その感じる事で感情は少しずつ成長して、自立してゆけるようになるのだと思います。

例えば、私は、誰かから理不尽と思える理由で怒鳴られた時、昔は相手に対して怒りが込み上げ、その怒りは中々収まらずに思い知らせてやりたい気分になっていました。けれど今は「あーあ」と思うだけです。

強いて言えば、怒っていたいのは相手の勝手で、それにわざわざ付き合う義理はないと感じます。

他人の意見は、自分の外にあります。目の前にいる他人が、怒りたくなるほど気分が悪いからといって、自分が付き合って気分を悪くしなくてはならない謂れはありません。ですから、「オナラ」作戦で、気分を明るくするように、努めています。

怪我をすれば痛いです。でもその痛さは、自分しか感じません。

感情もそれと同じで、自分だけのもので、他人に付き合う必要はさらさらないのです。反対意見をぶつけられても、「へー、そう考える人もいるんだ。何か参考になるかな」と受け取れば、別に自分は傷つきません。

以前の私は一元論者であった為に、「違う意見が存在すると、自分の自由意思が侵害される」と錯誤していて、圧迫感を感じ続けていました。けれど、この日本は概ね「多元相対論の国」ですから、どんな意見を持っていてもいいのです。

人には皆、自分の意見があります。他人には皆、別の意見があります。

これは、自然現象であり、意見が違うだけなら、本来、何の問題も発生しないのです。

ですから、私が、何を思い、どう考えていても、いいんです。

ただ、「和」を乱してはいけないという事です。

この事が解ってから、私は「へぇー、そうなんだ。でも、私はちょっと違うような気がする」という、言い回しを覚えました。

そして、とりあえずその場に相応しい行動をとるという技術を身に付けました。

日本人の義務として、心の中でいやだなと思っても、その場の秩序を乱してはいけない、皆と仲良くしなくてはいけないからです。

少しの間我慢していれば、不快な時間は過ぎてゆきます。この時、不満を口にして衝突するよりは、遥かに後味が良いという事も覚えました。近頃は、周りの空気を気にせずにいられるようになって、今、とても楽に暮らせるようになりました。

〈著者紹介〉

長谷川 七重（はせがわ ななえ）

1963年、千葉県生まれ。法政大学卒。

幼少の頃より、言葉で表現される事と、自分の周囲の現実が適合していない場合には違和感を覚えていたことから、「自分の日本語は、うまく通じない」という感覚の中で成長していた。

大学では必修だったマルクス経済学をなぞる傍らでノーメンクラツーラ（旧ソ連の「赤い貴族」）や中国の文化大革命の告発本を読んで、やはり世の中には言っていることとやっていることが違う人が多いと実感する。

卒業後、家業の会社経営に参加して現在に至る。

幻冬舎ルネッサンス新書　233

「十七条の憲法」から読み解く日本文明（上）
―これを読めば日本人が解る―

2021年6月30日　第1刷発行

著　者　長谷川七重
発行人　久保田貴幸

発行元　株式会社 幻冬舎メディアコンサルティング
〒151-0051　東京都渋谷区千駄ヶ谷4-9-7
電話　03-5411-6440（編集）

発売元　株式会社 幻冬舎
〒151-0051　東京都渋谷区千駄ヶ谷4-9-7
電話　03-5411-6222（営業）

ブックデザイン　田島照久
印刷・製本　中央精版印刷株式会社

検印廃止

Printed in Japan
ISBN 978-4-344-92961-6　C0295
幻冬舎メディアコンサルティングHP
http://www.gentosha-mc.com/